ANTONIO WARDISON C. SILVA
CÉZAR TEIXEIRA

MORTE, ONDE ESTÁ TUA VITÓRIA?

A ação salvadora de Deus

EDITORA
SANTUÁRIO

Dados Internacionais de Catalogação na Publicação (CIP)
de acordo com ISBD

S586m Silva, Antonio Wardison C.

Morte, onde está tua vitória? A ação salvadora de Deus / Antonio Wardison C. Silva, Cézar Teixeira. - Aparecida : Editora Santuário, 2021.
96 p. ; 14cm x 21cm.

Inclui bibliografia e índice.
ISBN: 978-65-5527-113-3

1. Religião. 2. Cristianismo. 3. Morte. 4. Deus. 5. Salvação. I. Teixeira, Cézar. II. Título.

2021-2236 CDD 240
CDU 24

Elaborado por Vagner Rodolfo da Silva - CRB-8/9410

Índice para catálogo sistemático:
1. Religião : Cristianismo 240
2. Religião : Cristianismo 24

1ª impressão

Rua Pe. Claro Monteiro, 342 – 12570-000 – Aparecida-SP
Tel.: 12 3104-2000 – Televendas: 0800 0 16 00 04
www.editorasantuario.com.br
vendas@editorasantuario.com.br

In memoriam
Evalda Dantas Sá
Lucivalda C. Silva

SUMÁRIO

PREFÁCIO

Os autores Antônio Wardison C. Silva e Cézar Teixeira são amigos de longa jornada na pastoral da Arquidiocese de São Paulo, o que já lhes dá um bom credenciamento. O tema deste livro, descoberto nessa vivência pastoral, responde aos questionamentos existenciais de nossos dias, em que a dor e o sofrimento parecem apagar a ação de Deus na vida e no coração das pessoas.

O desejo de Deus de salvar o homem, porém, é tão profundo que faz jorrar uma nova consciência de luta e de resistência no coração humano, marcando a história com novas práticas salvadoras das estruturas de pecado e de morte.

Por isso o objetivo desta obra é chamar nossa atenção à ação salvadora de Deus e ao seu sentido para a humanidade na pessoa de Jesus, porque Ele, o Messias, é a ação definitiva de Deus, que, como homem, expressou sua fé no Pai e foi compreendido por meio de seu testemunho de amor ao Pai e aos irmãos, sobretudo, aos mais vulneráveis.

Com a força do Espírito Santo, o exemplo de Jesus faz emergir na história sua Igreja, cuja vocação primeira é certamente mostrar ao mundo a salvação desejosa do Pai aos seus filhos.

Os autores aproximam a ação salvadora de Deus à dinâmica real da história. Não se trata de uma obra que mostra a salvação apenas nos esquemas teológicos ou soteriológicos, mas procura assinalar também sinais concretos de pessoas e acontecimentos que fizeram emergir a ação de Deus para o seio da história.

Se, por um lado, temos a memória viva de Deus na história de um povo, por outro lado, a fé e a razão identificam como os seres humanos são criaturas de Deus, cuja humanidade integra-os no dinamismo humano e divino, imanente e transcendente.

Em suma, aponto sua atenção para a introdução do trabalho que apresenta uma descrição mais exata do objetivo e da estrutura deste livro. Agora, deixo minha eterna gratidão aos amigos autores por seus esforços em pesquisar obras passadas e transformá-las neste livro, que, certamente, será um grande contributo para nossa amada Igreja e para todo o povo de Deus.

Dom Fernando José Penteado
Bispo Emérito de Jacarezinho, PR

INTRODUÇÃO

A ação salvadora de Deus continua sendo um tema importante para os cristãos, hoje. Trata-se, fundamentalmente, de um dos aspectos basilares da fé cristã: a crença no Deus salvador. Uma verdade atestada na história, significada na crença no Deus de Israel e assumida, em plenitude, em Jesus Cristo, pela ação do Espírito: Deus é aquele, que, por meio de sinais, se revela ao povo. Os profetas surgem como mediadores dessa comunicação divina, por isso são anunciadores do Reino. Em Cristo, a ação salvadora de Deus torna-se plena, porque ele é o próprio Deus encarnado e salvador da humanidade.

A salvação, em continuidade com a criação e com a condição histórica da humanidade, é obra de Deus, realizada por Jesus e consumada, desde sempre, pelo dom do Espírito, penhor da vida eterna. Essa verdade de fé sempre foi apresentada com base nas Escrituras e nos dados maiores da Tradição. Por conseguinte, a Igreja, como vocação própria, é chamada a prolongar esta ação: anunciar a Boa Nova de Cristo Salvador para a humanidade e ser instrumento de salvação para todos. Essa realidade salvadora é constantemente celebrada na liturgia sacramental da Igreja.

Todos esses aspectos suscitam uma profunda e organizada análise sobre a questão da salvação, na pretensão de entender como o mistério da salvação expressa o desejo de Deus para o homem, na história. Ora, toda a história exprime, por um lado, uma profunda vontade de redenção do homem e, por outro, uma profunda vontade de Deus de se comunicar e salvar o homem, segundo atestam os relatos das Escrituras. Por isso, toda história é história de salvação.[1]

Nessa perspectiva, o presente livro tem a finalidade de refletir sobre a ação salvadora de Deus e, com isso, sobre os atributos que comportam este mistério, particularmente nos seus aspectos sobre a história, sobre o Cristo e sobre a Igreja, ou seja, pensar como a ação salvadora de Deus se desenvolve na história, para a humanidade; em Cristo, pelo seu desígnio de salvação, e na Igreja, fortificada pelo Espírito. A questão que norteia toda esta reflexão encontra-se baseada na teologia da revelação: como, na história, Deus se revela como salvador para a humanidade e qual o significado dessa promessa para o ser humano, na história?

A importância desta proposta de análise se solidifica na tentativa de alargar a discussão sobre o projeto salvador de Deus, em conexão profunda com os mais variados tratados teológicos da Igreja. Intenta, dessa forma, oferecer uma reflexão sucinta sobre tal aspecto e contribuir com a formação de estudantes de teologia, bem como de pastoralistas que se dedicam a refletir sobre o mistério de Deus, particularmente da sua ação salvadora. E tais são os destinatários desta obra. Ora, muitos fiéis, embora realizem uma profunda experiência de Deus na Igreja, não têm clareza das verdades centrais da fé cristã ou, de outra forma, identificam tais verdades, mas não conseguem fundamentar ou entender o que elas significam.

Também, esta análise se justifica pela tentativa de fortificar a reflexão sobre a ação salvadora de Deus diante de um mundo secularizado, marcado pelo descrédito ao sentido soteriológico, cujas consequências interferem na valorização

[1] Mais precisamente, essa temática foi discutida no Concílio Vaticano II, como atestada em seus documentos, ao colocar em relevo o mistério de Cristo em conexão com toda a história da salvação.

bíblica, na reta compreensão sobre a salvação, na esperança da vida eterna, na fé em Jesus Cristo, no cumprimento dos sacramentos e, principalmente, na Igreja.

Este livro, portanto, quer discorrer sobre um dos elementos fundamentais da revelação de Deus para o homem e da verdade da fé cristã: a ação salvadora de Deus. Esta análise habilita uma exigente síntese e discussão teológica, por percorrer as diversas áreas da teologia e, mais ainda, por tocar em grande parte dos tratados teológicos.

O primeiro capítulo reflete sobre o desejo de Deus de salvação do homem, particularmente, a obra salvadora de Deus e o afastamento do homem da graça divina; a promessa que Deus faz aos patriarcas e o desejo de salvação para o homem, significada no povo de Israel; o caminho feito pelos profetas a fim de anunciar e realizar a graça salvadora de Deus; e o anúncio, pelos profetas, do messias salvador, daquele que irá instaurar o Reino de Deus no mundo. O segundo capítulo desenvolve a discussão sobre a plenitude da salvação em Jesus: o Verbo encarnado do Pai; a experiência salvadora de Deus em Jesus; o mistério pascal e seu significado (central) no mistério da salvação, desejada por Deus; o envio do Espírito e a formação da comunidade cristã, como anunciadora do mistério de salvação em Jesus. O terceiro capítulo medita sobre o Espírito de Deus, como fortificador da ação salvadora de Jesus, na Igreja. Com isso, discorre sobre a missão da Igreja de ser continuadora da missão de Jesus; por isso sacramento de Deus na obra de salvação; a vivência litúrgico-sacramental como chamado à salvação; e a amplitude da ação salvadora de Deus na história e nas culturas. O quarto capítulo apresenta, com base em um percurso histórico, o estudo sobre o mistério da salvação em Jesus Cristo. Para tal, parte do legado teológico assumido pelos padres apostólicos e apologistas, nos inícios da era cristã. Após, acentua os principais problemas e as perspectivas sobre o mistério da salvação desenvolvidos pelos renomados teólogos da Igreja e da história do cristianismo: a soteriologia no primeiro e no segundo milênio.

Em suma, a análise aqui apresentada quer ser um convite à reflexão e à experiência da salvação em Deus: a primeira, por desenvolver uma argumentação coerente, por meio dos principais elementos que comportam uma exposição racional sobre a fé, e conforme à fé cristã, ou seja, encarnada na Tradição; a segunda, com o recurso sistemático-racional, por inserir o crente no mistério assumido e celebrado, capaz de transformar a sua vida, fazer crescer o seu relacionamento com o Deus da salvação e, por isso, aquecer a sua fé, sensível aos outros e comprometida com a luta pela justiça, na sociedade.[2]

[2] MIRANDA, Mário de França. *A salvação de Jesus Cristo*: a doutrina da graça. São Paulo: Loyola, 2004, p. 13.

1
O DESEJO DE DEUS DE SALVAÇÃO DO HOMEM

Deus, em sua bondade e sabedoria, revela a si mesmo por sua própria vontade. São esses os termos pelos quais conhecemos a revelação de Deus e sua maneira extraordinária de falar aos homens como amigos, convidando-os ao diálogo e à comunhão. A novidade dessa revelação é a inclusão de uma vontade ou um desejo de Deus que possibilita ao homem o acesso e a participação em sua natureza divina. Com efeito, o desejo de se revelar acontece na história por meio de ações e palavras, oferecendo ao homem um testemunho de si mesmo em toda criação. Tudo isso culmina na pessoa de Jesus Cristo, o mediador e a plenitude da revelação. Deus, em sua bondade, é o centro da revelação e se dá livremente aos homens, cabendo a estes entregar-se livremente a Ele, pela fé. Para tanto, é necessário o auxílio do Espírito Santo, que nos faz compreender a Revelação por meio dos seus dons.[1]

[1] Cf. TEIXEIRA, Cézar. A Revelação de Deus na História e nas Escrituras, *Dei Verbum* 1-13. In: ALMEIDA, J. C.; MANZINI, R.; MAÇANEIRO, M. (Orgs.). *As Janelas do Vaticano II, a Igreja em diálogo com o mundo*. Aparecida, SP: Santuário, 2013, p. 158ss.

O desejo de Deus revela uma grandeza imensurável que é o seu ato criador, o qual mostra que este desejo não é um desejo para si, mas para a salvação do outro, isto é, do homem. O ato criador de Deus é profundo não somente por ser de Deus, mas por implicar, neste ato, um desejo. Desta forma, o Deus-Criador e desejoso cria livremente o homem para que este não se perca, mas participe de sua natureza e, por conseguinte, seja salvo. Portanto o Deus, que se revela, é o mesmo criador da vida. Logo, a criação é também o lugar da revelação, que implica o ato de criar e conservar e, fundamentalmente, de salvar.

A salvação, que vem de Deus, é possível porque Ele se revela na história e, concretamente, na história de um povo chamado *Israel*. É um povo que contém, no próprio nome, o nome de Deus (*'el'*) e tudo o que nele existe, inclusive o desejo da salvação. Apesar dos cenários econômicos, sociais, políticos, religiosos e culturais, esse desejo se impôs na prática de homens e mulheres que souberam marcar a história com esse desejo de salvar o seu povo das estruturas de pecado, de escravidão e de morte. É necessário sublinhar que a história pode ser entendida dentro de duas categorias distintas, isto é, a universal e a humana. Essa divisão é apenas formal, pois o universal não existe sem o humano. A história somente é real quando implica a dimensão da finitude, da ambiguidade, do reino do saber e do não saber onde há alegria e sofrimento, riso e choro. A revelação na história comporta essa latente dinâmica, seja na esfera transcendente, seja na esfera imanente.

Deus deseja salvar o homem na história. Essa é uma afirmação que aponta para a verdadeira ação de Deus em nosso mundo. Daí surge uma questão importante: como Deus, uma realidade divina e transcendente, envolve-se com outra realidade mundana, imanente e profana? A questão pode ser aparentemente simples para o homem de fé compreender a ação de Deus na história, pois seu ponto de partida já possui uma relação bem próxima de Deus, uma vez que acredita em Deus como criador de todas as coisas e se considera um "ser de Deus", alguém que, na sua finitude e imanência, pela fé, habita e aproxima-se da transcendência de Deus, que o completa e o faz ser instrumento da transcendência e infinitude. Isso é possível ao homem por causa da sua propriedade de ser humano, pois a humanidade do homem tem a capacidade de transcender limites e torná-lo infinito, porque é por meio dela que Deus age, como bem agiu em homens que existiram historicamente, isto é, Abraão, os profetas e o seu próprio Filho Jesus.[2]

Desde as promessas de Abraão, passando pelos profetas até Jesus, a consciência de que Deus cria para a vida se expressa nas lutas do povo desejoso de um mundo sempre melhor, mais justo e de paz.

O homem que não tem a mediação da fé também pode compreender a ação de Deus na história pela mediação da razão, com base na própria investigação sobre a grandeza da humanidade do homem, que o torna "pessoa humana", quando se abre ao outro (mundo, universo, Deus), para humanizar o mundo. "Ser humano" para os outros é como obter uma certidão de nascimento, uma identidade; é colocar-se na inter-relação com o outro para construir uma consciência verdadeira e voltada para a identidade pessoal, livre de qualquer cultura que forje o que é para o outro e vice-versa. As culturas são como currais fechados que servem para rotular as pessoas nos atributos de ser bom ou mau, abençoado ou amaldiçoado. Isso descaracteriza a consciência inter-relacional que aponta para algo importante como o cuidar do outro e ambos sentirem-se corresponsáveis. Nesse processo cognitivo, podemos compreender que a abertura para o outro é ilimitada e, ao mesmo tempo, situada na história. Quando nos sentimos responsáveis por nossa história humana, ouvimos o apelo do outro que nos pede cuidado,

---

[2] SCHILLEBEECKX, Edward. Jesus. *A História de um Vivente*. Trad. Frederico Stein. São Paulo: Paulus, 2008, p. 635-637.

generosidade e dedicação. "Esse apelo de amor", vivido em horizonte limitado, expande-se para o ilimitado e universal que, para o homem de fé, é o próprio Deus.[3]

Deus é, em si mesmo, transcendente e ilimitado. Ora, se nós nos consideramos ou não um "ser de Deus", isso não limita ou restringe seu caráter próprio. Assim também aconteceu com Jesus de Nazaré. Seu caráter único e universal foi consequência da relação com o próximo como uma prática de vida, vivida na relação íntima com Deus na limitada história terrena.

1. A obra criadora de Deus e o afastamento do homem da graça divina

É comum para as várias religiões tradicionais trazer à tona questões sobre a origem das coisas, seu fim e sua atuação na história. Essas questões deságuam sempre no tema de Deus como criador. De fato, para as religiões monoteístas, Deus é o criador do mundo e de todas as coisas nele existentes. Entretanto, o monoteísmo das religiões difere do resultado da reflexão filosófica. No primeiro caso, a fé no Deus único legitima a certeza de que Deus, sim, é de fato Criador. No segundo caso, Deus resulta da reflexão que exige uma origem e um princípio unitário no interesse de compreensão contemplativa do mundo.[4] A revelação de Deus imprime um mistério, isto é, ao criar, Ele se revela e se faz reconhecer pelo seu revelar. Na base dessa ideia, sustentada pela dinâmica do revelador, que se revela ao se revelar, está a de prover algo para aquele a quem ele se revela. Nesse sentido, aqueles que professam o revelar de Deus na história, pela sua obra de criação, associam tal dádiva à redenção do homem, isto quer dizer: a ideia de criação está associada à salvação.

[3] *Ibid.*, p. 637-642.

[4] BULTMANN, Rudolf. *Jesus*. Trad. Nélio Schneider. São Paulo: Teológica, 2005, p. 143-144.

A própria Escritura atesta essa ideia quando proclama Javé, o Deus de Israel, como aquele que é o criador e salvador de todos os homens.[5]

Para o povo de Israel, o Deus vivo e verdadeiro é um Deus que age: deseja, cria e salva. Um agir pessoal e livre, ou seja, um agir independente da sua criatura, mas em face dela por uma escolha interna livre e pessoal. Portanto o Deus-criador é fonte de toda esperança para o homem: em Deus se espera o fim da desgraça e a garantia da libertação, atributos esses intimamente relacionados com a história da salvação em Deus.[6] A obra da criação divina é sinal eficaz da presença de Deus no mundo e entre os homens; é para a humanidade manifestação plena de Deus e de suas perfeições.[7] Dessa forma, Israel enaltece o nome de Deus, por meio de hinos, cânticos e na consciência de que Ele é o autor de tudo quanto existe.

Os textos do Antigo Testamento[8] mostram que Deus, a partir de um ato livre, criou o universo e tudo o que nele existe. O verbo criar, de um lado, é um termo usado pelos gregos para falar sobre a criação das coisas, o que diverge de alguma coisa criada pelo acaso e não de uma criação minuciosa, cuidada.[9] De outro lado, o verbo criar exprime a ideia de Deus como uma realidade própria que cria a partir de si mesmo, segundo sua liberdade. Deus também e, sobretudo, renova a terra e cria um novo homem no tempo. Ele cria a natureza e um convívio pacífico entre suas criaturas, preserva a sua criação e mantém poder sobre ela. Deus

---

[5] SATTLER, Dorothea; SCHNEIDER, Theodor. Doutrina da criação. In: SCHNEIDER, Theodor (Org.). *Manual de Dogmática*. V I. Petrópolis: Vozes, 2002, p. 119.

[6] FEINER, Johannes; LOEHRER, Magnus. *Fundamentos de dogmática histórico-salvífica*: Teologia Fundamental. V I/1. Petrópolis: Vozes, 1971, p. 90.

[7] LATOURELLE, René. *Teologia da Revelação.* Trad. Flávio Cavalca de Castro. São Paulo: Paulinas, 1972, p. 445.

[8] Cf. Gn 2,4ss; Gn 1,4.9; Gn 8,21; Ez 36,22-28; Êx 15,8; Sl 104,29ss.

[9] TEIXEIRA, Cézar. *A Revelação de Deus na História e nas Escrituras, Dei Verbum 1-13*, p. 161.

tem autoridade sobre tudo e tudo obedece à sua ordem. Por isso seu ato salvador, na história, torna-se possível.[10]

Deus cria por meio da sua *palavra* e seu *Espírito*, que manifestam sua ação salvadora presente na história. As comunidades cristãs primitivas viram nessa criação, por meio da *palavra* e do *Espírito*, um Deus sempre presente e que está acima da criação, é ilimitado, transcendente e se autorrevela. Essa *palavra* tem autoridade sobre as forças da natureza, pois sua sabedoria é resplendor da luz eterna (Sb 7,26), e seu *Espírito* é doador e preservador da vida.[11] Nele se renovam o homem e a terra (Ez 36; Sl 104). Não obstante, o próprio Deus, ao criar, defronta-se com sua criação: cria e, em sua criação, intervém; assim, mantém-se próximo de tudo o que é criado.[12] A criação de Deus é abundante e variada (Jó 40,15-4,26; Sl 104).

Antes de criar o homem e a mulher, Deus cria um espaço para eles, que manterão total harmonia com a terra (Gn 1,28). Ora, o homem tem o ofício de *dominar* a terra e os animais. Ele deverá manter uma profunda harmonia com toda a criação. Caso venha corromper a natureza, corromperá sua relação com Deus, pois tudo é criação d'Ele e tudo deve ser cuidado e preservado. Deus é, então, esperança de salvação, e toda a sua obra está destinada à salvação. Logo, o homem, ao preservar a obra de Deus, zela pela sua salvação. Do contrário, o homem só poderá destruir a si mesmo, pois a destruição da criação implicará a negação de Deus, que é o criador de todas as coisas, e, por conseguinte, a negação da salvação, pretendida desde a criação.[13]

O homem é a criação sublime de Deus: ele é a imagem e semelhança do seu criador (Gn 1,26s). No discurso da criação, o homem tem a primazia sobre tudo aquilo criado por Deus. Ao exercer essa autoridade e esse domínio e participar da ação criadora de Deus, na geração de descendência, tor-

---

[10] SATTLER, Dorothea; SCHNEIDER, Theodor. *Doutrina da criação*, p. 145.

[11] TAVARES, Sinivaldo S. *Trindade e Criação*. Petrópolis: Vozes, 2007, p. 68.

[12] SATTLER, Dorothea; SCHNEIDER, Theodor. *Doutrina da criação*, p. 146.

[13] *Ibid.*, p. 147.

na-se imagem de Deus. Assim, o homem e a mulher estão direcionados à comunhão com Deus e com o seu semelhante.[14]

O lugar da revelação é a história. Tal afirmação se impõe pela própria natureza da revelação narrada pelo Antigo Testamento (AT): não acontece no tempo mítico ou no instante extra temporal, mas na duração do tempo histórico. Deus se manifesta em certo lugar e em certa data, como acontecimento irreversível e certamente não vai se repetir. Agora Israel proclama que encontrou o seu Deus na história e mudou sua existência. Um Deus vivo, pessoal e livre diferente de fagulhas mergulhadas na natureza. Sua manifestação se dá nos acontecimentos, lá onde se define a sua vontade.[15] A criação associa-se à salvação porque o homem, ao preservar a criação, colabora com o projeto de Deus e cultiva seu dom ao qual ele foi chamado: unir-se a Deus. Quando se despreza a criação, despreza-se o próprio Deus criador e, com isso, distancia-se da sua salvação. O pecado então surge como perversão da ordem da criação. Esta é a natureza do pecado: é perversão causada na ordem mesma da criação, daquilo que fora criado de acordo com a vontade de Deus; é ruptura, nesse sentido, da comunhão entre Deus e o ser humano, bem como entre o ser humano e a obra criada. O homem, ao romper com a comunhão divina, compromete toda a criação.[16]

O pecado é uma realidade de rompimento com Deus e com o próximo. Para a proto-história, as narrativas da *queda* expressam essa realidade: a teológica e antropológico-social. A proto-história não tem interesse de explicar a origem do pecado, mas de identificar o ato humano contrário ao desejo de Deus. Os profetas já acenavam essa realidade e suplicavam a aliança do homem com Deus. Jeremias duvida-

---

[14] Cf. Gn 5,3; Sl 8,6ss; Eclo 17,2ss.

[15] LATOURELLE, René. *Teologia da Revelação*, p. 454.

[16] SATTLER, Dorothea; SCHNEIDER, Theodor. *Doutrina da criação*, p. 154.

va de uma real possibilidade de melhoria do povo, já acostumado com o mal (Jr 13,23).

As narrativas sobre a *queda* em Gn 3-4 expressam, em Adão e Eva, Caim e Abel, a realidade do pecado, proveniente do comportamento humano, e a abrangência deste ato para todas as gerações. Assim, para o documento javista mais primitivo o sofrimento humano está associado a não observância do homem à ordem original da criação, como desejada por Deus (Gn 3-4).[17] Nesse sentido, o homem é o verdadeiro responsável pelo seu sofrimento. Segundo o documento javista, a morte é entendida como uma destinação do homem à corruptibilidade terrestre (Gn 3,19). No entanto ela não é castigo, mas marca um fim da sua realidade: pó (Gn 3,9).

Para o povo de Israel, o sofrimento consiste em uma realidade em constante tensão entre a obra criadora de Deus e suas promessas de salvação. Também o sofrimento é entendido como uma realidade provocada por culpa própria.[18] Na literatura *sapiencial*, o justo é recompensado; o ímpio, castigado.[19] Em contrapartida, no livro de Jó, há a experiência do justo que sofre, mas em profunda obediência a Deus.

2. Promessa aos patriarcas e desejo de salvação para o povo de Israel

Desde a *queda*, isto é, desde o momento em que o homem se afasta de Deus até as promessas feitas aos patriarcas, a humanidade viveu sob a ameaça da maldição, pois estava distante de Deus. Nesse contexto, a Escritura apresenta Abraão como ícone de uma reviravolta para a história da salvação humana: Deus age e intervém com sua bênção

[17] *Ibid.*, p. 156.

[18] Cf. Pr 15,6.15.19; 26,27; Eclo 30,24.

[19] Cf. Pr 15,25;16,5.7; 25,21ss.

ao invadir o terreno da maldição. O Pentateuco demonstra este ponto de mudança.[20] Com Abraão, portanto, inicia-se a revelação especial de Deus a Israel.[21]

A revelação de Deus a Abraão acontece depois de a humanidade já ter percorrido um longo trajeto na sua história, com o desenvolvimento de grandes civilizações, como o Egito, Canaã e Mesopotâmia. O fato de Deus se revelar a Israel não representa exclusivismo, mas o desejo inédito de se manifestar, com o objetivo de transmitir a mensagem salvadora de maneira mais concreta e eficaz.[22] Deus "escolheu Israel" não por causa do seu merecimento, mas porque Ele ama o povo e mantém o firme compromisso de realizar suas promessas.[23]

Deus necessitava de um povo e de uma cultura para se comunicar. Esse povo não foi o sumério, nem o egípcio – com civilizações desenvolvidas e politeístas –, mas o dos patriarcas que cultuavam o Deus verdadeiro, um Deus, que não estava subordinado a um país, era de caráter mais universal, o que serviu de elemento importante como veículo para o plano de salvação. O grande Deus "*EL*" compreendia cada experiência feita pelo patriarca que estava na origem de uma família, de um clã ou de uma tribo. Na base dessa experiência sempre estava presente a proteção ou defesa da vida.

Abraão foi chamado a sair de sua terra para dirigir-se a terras distantes. O projeto de Deus é fazer do clã de Abraão um grande povo (Gn 12). Aqui se apresentam duas colunas fundamentais da aliança: a promessa da terra e a da descendência. No decorrer do tempo, tais promessas, materiais,

---

[20] FEINER, Johannes; LOEHRER, Magnus. *Fundamentos de dogmática histórico-salvífica*. A história savífica antes de Cristo. V II/4. Petrópolis: Vozes, 1984, p. 121.

[21] LIBANIO, João Batista. *Eu creio, nós cremos* – Tratado da Fé. São Paulo: Loyola, 2000, p. 346.

[22] CROATTO, José Severino. *História da salvação*: a experiência religiosa do povo de Deus. 2. ed. São Paulo: Paulinas, 1968, p. 37.

[23] FEINER, Johannes; LOEHRER, Magnus. *Fundamentos de dogmática histórico-salvífica*, p. 124.

tomam novo rumo. Elas serão de ordem sobrenatural. Neste ínterim, é necessário destacar duas ideias centrais da história de Abraão: a *eleição* e a *promessa*.

Na *eleição*, Israel está situado como os outros povos, de onde provinha a família de Abraão. Diferente de outras nações, Israel não emana de uma tradição mística, mas fundada na história humana. Nesse sentido, Abraão tornar-se-á o núcleo de uma nação santa (*qadosh*), repleta das bênçãos de Deus (Gn 12,2ss). Aqui se estabelece, definitivamente, o plano salvador de Deus, o qual envia um mediador para que o povo, ao receber suas bênçãos, possa se sentir solidário e abençoado por Ele.[24] Trata-se, portanto, de uma missão espiritual, no sentido bíblico. A ideia de *eleição*, ao visar ao povo de Israel (Sl 105,6-8; 42-44), estende-se a toda humanidade (Gn 12,3).[25]

Na *promessa*, Deus é a salvação, que será alimentada pela esperança (característica sublime da pedagogia de Deus). A esperança assinala o desejo do homem de ir ao encontro de Deus. Ora, Deus intervém na história. Por isso, o projeto de salvação de Deus está encarnado na história humana.[26] Não obstante, criar-se-á, desde Abraão, uma tensão entre *promessa* e *cumprimento*. Essa tensão caracterizará toda a história de salvação. Quando a *promessa* desponta para o seu *cumprimento*, novas tensões são criadas. Essa realidade torna o plano de salvação mais dinâmico para o homem. Por isso, a salvação está radicada na história, em um processo dinâmico entre Deus, que deseja a salvação e se revela ao povo, e este que, progressivamente, a partir da sua experiência, vai compreendendo o projeto de Deus para a humanidade.

Abraão vive essa tensão da *promessa*, como narrado em Gn 15: como ser pai de um povo se ele não tem filhos? No entanto, Deus cumula Abraão com sua graça com o nasci-

---

[24] *Ibid.*, p. 122.
[25] MIRANDA, Mário de França. *A salvação de Jesus Cristo*, p. 66.
[26] CROATTO, J. S. *História da Salvação*, p. 38-39.

mento do seu filho Isaac (Gn 21). Diante da cena em que Deus pede sacrifício ao filho de Abraão (Gn 22), este responde com fé e a tensão arrefece. A promessa agora é que ele será fonte de bênção para todos os povos (Gn 22,16). A partir desse ato de Abraão, de grande tensão em obedecer a Deus e à renovação da *promessa* de Deus, conclui-se que a resposta humana condiciona, de certa forma, à ação de Deus, à continuidade de seu plano salvador.[27] A fé de Abraão no Deus da fidelidade tornou-o o pai de uma geração.[28] Nessa perspectiva, a *promessa* se sustentará pela *palavra de Deus* e pela *resposta do homem* (fé). A partir de Abraão, esses dois elementos serão o sustentáculo da história de salvação. Para Mateus, no NT, a genealogia de Jesus começa por Abraão. O sentido desse resgate é registrar o ponto de partida da história da salvação.[29]

Abraão é um homem justo, que deposita toda a sua confiança em Deus. Sua fé será portadora de bênção; e ele será fonte de bênção para toda a humanidade. O conteúdo da bênção está em plena conexão com a *promessa*: terra e prole. De Israel, essa bênção será repassada a todos os povos.[30] Eis, então, a vontade salvadora de Deus: se a eleição de Abraão e sua confiança em Deus transformam-se em bênção, em razão do seu comprometimento, essa bênção converte-se em universal. A bênção agora, o que representa uma novidade, transmite-se pela fé.[31] A fidelidade de Abraão, portadora de bênção, contradiz a atitude de Adão (Gn 3,17). Abraão é portador de vida, o *bendito* do povo hebreu. No NT esse *bendito* será Jesus, o novo bendito, o *Logos* (Mt 21,9; 23,39).

Isaac e Jacó são os outros patriarcas que dão continuidade à experiência religiosa de Abraão. O ciclo de Isaac (Gn 25,19-28,9) é uma comprovação da promessa feita a Abraão. Isaac

[27] *Ibid.*, p. 40.

[28] Gl 3,6ss; Rm 4,11; Hb 11,8-19; 1Ts 1,6.

[29] Mt 1,1ss.

[30] Gn 12,3; 18,18; 22,17ss; At 3,25.

[31] CROATTO, J. S. *História da Salvação*, p. 42.

torna-se um exímio proprietário de terras. Ora, na perspectiva religiosa, a posse da terra é compreendida como bênção de Deus. Dessa forma, os patriarcas são apresentados como grandes possuidores de terra. Logo, abençoados pela graça divina. O livro do Gênese faz muitas alusões à posse da terra concedida aos hebreus.[32]

No ciclo de Jacó, essa *tradição* é ainda mais acentuada (Gn 28,10-35,29). Ao partir para Harã, Jacó expõe-se ao perigo, mas permanece confiante à *promessa* (Gn 28,13.15). Quando retorna, mesmo decepcionado, lembra-se da *promessa* e da fidelidade divina (Gn 32,25-33). Por conseguinte, recebe as bênçãos de Deus. Na mudança de nome, de Jacó para Israel (Gn 32,28-29), compreende-se a sua vocação: tornar-se pai de Israel. Jacó instala-se em Sucot, na terra da *promessa*; depois, em Siquém, onde dedica um altar ao *Deus de Israel*. Ao retornar à sua pátria, recebe a bênção de Deus e a certeza da *promessa* da terra e da descendência. A história da salvação está recheada dessas particularidades, de teofanias culturais: Javé aparece para Abraão em Siquém, Mambré e Bersabé; Isaac se encontra com Deus em Gerar e em Bersabé; Jacó vê a Deus em Betel, Ponuel e Bersabé.[33]

Embora Deus fale com os patriarcas, em qualquer país, somente aparece a eles na terra da *promessa*. Aos Israelitas, cabe o dever de adorar Deus onde ele se apresentar. Todas essas manifestações de Deus consagram a terra da *promessa* como *terra de Javé*. O fato é que o aparecer de Deus está em plena relação com a sua *promessa*. Tais manifestações expressam a iniciativa de Deus em tomar posse da terra que ele mesmo confiou a Abraão e a seus descendentes. O Deus de Abraão é o mesmo dos outros patriarcas, ou seja, o Deus dos patriarcas é o Deus de Abraão, o Deus de Isaac e o Deus de Jacó. Nesse sentido, Javé, posteriormente, vai aglutinar

---

[32] Gn 13,23; 26,15ss; 34,49; 50,12ss.

[33] CROATTO, J. S. *História da Salvação*, p. 45. Cf. Gn 12,6s; 13,18; 14; 15,1s; 17; 18,1s; 21,33; 22,1s; 26,2s.23s; 28; 32; 35; 46,1-4.

o *Deus dos pais* (Gn 26,23). Não se prende primordialmente a um lugar, não é uma divindade local, mas um Deus pessoal, familiar. Ele não tem nome próprio, mas é chamado pelo nome: Adonai ou Senhor. A palavra Javé, em hebraico, remete à raiz do verbo "ser", por isso não é pronunciado. O conteúdo essencial da revelação de Deus aos patriarcas é, segundo o acervo atual das tradições, a promessa de terra e descendência.[34]

Nessa história retilínea, progressiva, Javé está sempre presente, direcionando a história para um fim determinado: o Deus da história salvadora é o Deus da criação. Mas, se esta assinala o Deus bom (Gn 1,4 etc.), a história de Israel mostra o modo salvador de sua bondade.[35] Javé conduz os patriarcas, como se notifica nas peregrinações pelos santuários e pela aparição de Javé (Gn 26,23-25; 46,1-5). A história dos patriarcas é a história daqueles que estabelecem uma intimidade com Deus salvador. E essa intimidade os faz assemelhar aos Profetas. A tradição patriarcal os denominou de *profetas*. Particularmente, o Salmo 105,12-15 chama os profetas de patriarcas.[36]

É necessária uma atenção particular quando se faz referência a Javé como Deus dos patriarcas. Do ponto de vista histórico, os patriarcas não conheceram Javé, pois este vem de uma experiência posterior. Na religião primitiva dos israelitas, era comum considerar o nome de Deus como: "Deus de Abraão", "Deus de Isaac", "Deus de Jacó". Nesses nomes já vinham incluídos os nomes do fundador do culto, que durou até o advento do Javismo. Apesar das divergências dos

---

[34] GUNNEWEG, Antonius H. J. *Teologia Bíblica do Antigo Testamento* – uma história da religião de Israel na perspectiva bíblico-teológica. Trad. Wener Fuchs. São Paulo: Loyola; Teológica, 2005, p. 78. Cf. Gn 12,1-3; 15,5.18ss; 17,1-8; 26,3ss; 28,13-15.

[35] CROATTO, J. S. *História da Salvação,* p. 47. Nesse contexto, da tradição patriarcal, a história de José aparece como intermédio entre o ciclo patriarcal e a experiência do êxodo. O ciclo de José está envolto da realidade sapiencial (Gn 41,33-36; 41,46ss; 47,13-26).

[36] BALAGUÉ, Miguel. *Historia de la Salvación,* p. 72.

autores sobre essa consideração ao nome de Deus na antiga religião, nosso conhecimento será sempre limitado pelo fato de que, no período antigo de Israel, cada clã e tribo cultuava um deus particular e próprio, constituindo, assim, o estágio mais antigo que se pode discernir para contribuir na certeza de que a tradição correta é a de sustentar que os pais cultuavam outros deuses (Gn 35,1-7; Js 24,14-15),[37] cujo papel importante era a relação pessoal entre a divindade e o fundador do culto ou líder do clã, que, por cujo intermédio, o grupo e as gerações futuras tornavam-se adoradores ligados com seu ancestral. Os traços característicos da religião eram: 1) revelação da divindade ao líder do clã ou da tribo: 2) promessa da divindade; 3) deus do clã como protetor; 4) sacrifício de animais pelos chefes dos clãs, sem o uso de altares; 5) elemento pessoal na decisão e escolha do homem.[38]

É necessário percebermos, também, que a formação do povo de Israel não é fruto de uma geração espontânea, mas de grupos que saíram do Egito e penetraram no território de Canaã. A libertação do povo escravo dos faraós do Egito foi uma luta liderada por Moisés e o povo, formado por diversos elementos tribais e outros como os *hapirus*. No início, Moisés foi o receptor da revelação, fundador do culto e um líder inspirado, que fundou uma nova religião aos moldes da religião dos clãs primitivos. Entretanto, a nova divindade (Javé) era um deus da montanha madianita unido à divindade de clã nômade, cujos conflitos não conduziram para uma rejeição ou desintegração, pelo contrário, eles se desenvolveram sob uma nova fé de importância histórica que desembocou em uma religião superior.[39]

---

[37] Gn 35,1-7; Js 24,14-15.

[38] FORER, G. *História da Religião de Israel*. Trad. Josué Xavier. São Paulo: Paulus, 2012, p. 42-50.

[39] *Ibid.*, p. 92-93.

3. O caminho percorrido pelos profetas para a realização da obra salvadora de Deus

Deus, ao ouvir o clamor do povo na escravidão do Egito, liberta-o por meio de Moisés. Faz com ele uma aliança. O povo passa a viver em uma pequena tribo. Nela, conquista a confiança de Javé ao ponto de estabelecer, com Ele, uma dupla promessa: *habitação da terra prometida* e *fidelidade a Javé*, como povo seu. O povo promete culto somente a Javé, mantendo-se fiel aos sacrifícios, às celebrações e, particularmente, à *Torah*.[40] A conquista da terra, pelos juízes e reis, expressa a presença de Deus no meio do povo. Israel faz a experiência de Deus ao articular religião e vida.[41] Assim o povo caminha diante de vitórias e derrotas.[42]

Não obstante, em um momento muito singular da história, o povo passa por momentos de dificuldades e provas (como a divisão do reino, derrotas nas guerrilhas, cativeiro na babilônia). Surgem, então, os profetas como aqueles que guiam e interpretam os acontecimentos presentes à luz de Javé e da tradição, deixando a esperança ser sempre a porta aberta para o futuro.[43]

O profetismo em Israel é um produto do estabelecimento do sistema monárquico, que trouxe um novo modo de produção da vida, chamado tributário, e deixa para trás o modo tribal de prover a vida, permitindo a prática da igualdade entre as classes. Todo modo de produção traz sempre contradições internas. A monarquia é fundada na figura do rei, considerado pela tradição bíblica como o "espinheiro inútil", quando permite a contradição do sistema por meio da concentração das coisas, em todos os níveis de poder, inclusive o religioso e seu culto, nas mãos das classes hegemônicas. O grande deus dessa sociedade é o tributo que garante o

[40] Cf.: Êx 20,2-17; Dt 5,6-21.

[41] Cf. 1Rs 6; 8,10-13; 9,1-3; Esd 5,2.

[42] LIBANIO, João Batista. *Eu creio, nós cremos*, p. 346-347.

[43] *Ibid.*, p. 347.

sustento do estado, contribuindo para a concentração de riquezas nas mãos de poucos. A maioria, por sua vez, vive no empobrecimento contínuo: os ricos cada vez mais ricos, na exploração dos pobres cada vez mais pobres. Eis a dramática contradição desse sistema social tributário que é a monarquia. Entretanto, dessa sociedade contraditória, nasce a figura do profeta no meio daqueles que não têm voz nem vez. Os profetas são os ouvidos do mesmo Deus de Israel, que um dia, no Egito, ouviu o clamor do seu povo e veio ao seu socorro. Portanto o desejo dos profetas era que a fé não fosse manipulada pela política, mas que a fé iluminasse o poder e arrogância dos estadistas.[44]

O profeta é aquele que age em nome e por incumbência do Deus de Israel. Este Deus é Javé, e Israel é o seu povo: "Isra-el" é o "povo de Deus"; o *El* quer dizer Javé e nenhum outro. E tal é a proclamação profética.[45] O profeta somente anuncia a palavra de Deus: "assim diz Javé", "assim é o sussurro de Javé". Essas são as fórmulas pronunciadas pelos profetas, ainda que simples, mas imperiosas. Nas Sagradas Escrituras, o homem ou a mulher são chamados por Deus a serem profetas. Muitas vezes, esse chamado vem por meio de sonhos, visões e audições. As características da vocação profética são sempre marcadas pelas seguintes prerrogativas: pela grandeza de Deus, que chama, pela debilidade do chamado, pela promessa do auxílio divino, pela cruz e pelas lutas.[46] O chamado de Deus imprime tal força que quase torna o profeta incapaz de não o responder: "Tu me seduziste, Iahweh, e eu me deixei seduzir; tu te tornaste forte demais para mim, tu me dominaste" (Jr 20,7).[47]

---

[44] FORER, G. *História da Religião de Israel*, p. 353-363

[45] GUNNEWEG, Antonius H. J. *Teologia Bíblica do Antigo Testamento*, p. 244.

[46] BALAGUÉ, Miguel. *Historia de la Salvación*, p. 75. I Sm 3; Is 6; Ez 8-11; Is 21-1-10; Is 6,1-8; Jr 1,4-6; Jr 1,7-10); Jr 29,7; 15,10-21.

[47] Os profetas, segundo a Tradição, estão divididos entre maiores e menores: estes, Oseias, Joel, Amós, Abadias, Jonas, Miqueias, Naum, Habacuc, Sofonias, Ageu, Zacarias e Malaquias; aqueles, Isaías, Jeremias, Ezequiel e Daniel.

A mensagem dos primeiros profetas consiste no anúncio, direto e inédito, da palavra de Deus. O objetivo é alertar e convocar Israel, a partir de uma situação concreta, a agir segundo a vontade de Deus, como seu povo predileto. O profeta critica e denuncia toda riqueza ilícita mantida pelo poder, porque aí reside o pecado. Ao advertir os poderosos, reis e sacerdotes, também se dirige aos menos favorecidos, pois nada deve manter-se contra a palavra de Deus. O profetismo critica principalmente toda idolatria e ingratidão perante Javé. Essas transgressões procedem de um único pecado: a incredulidade em Javé que é, por sua vez, a confiança do homem em si próprio. Por isso, o profetismo visa combater essa autoconfiança do homem e anunciar o único Deus de salvação.

Caso Israel não escute a palavra pronunciada pelo profeta, estará sujeita à perda da graça. Ao contrário, se o povo acolher a *palavra*, a bênção residirá sobre todo Israel, conforme a promessa de Javé, o Senhor Deus. Pois Israel conhece a ira de Deus, por isso está sujeito à desgraça (ao juízo) caso não cumpra as ordens de Javé.

A palavra do profeta está em referência ao passado e ao presente e visa ao futuro, que é real elemento do profetismo. Se o futuro já é algo real, é porque Deus tomou a decisão. Para os primeiros profetas essa decisão é o juízo. A certeza do futuro, portanto, anuncia a culpa do homem e sua trágica consequência, como, por exemplo, a desgraça. Por isso o futuro é um revelar daquilo que para Deus já é presente. Ele conhece o homem e o fim de sua prática. Esse futuro é anunciado, unicamente, por inspiração divina e não por intuição ou êxtase profético.[48] Com isso, o profeta tem a missão de anunciar ao homem as realidades da graça ou da "des-graça", da salvação ou da perdição, como fala Isaías 1,19-20: "se quiseres obedecer, comereis o fruto preciso da terra. Mas, se vos recusardes e vos rebelardes, sereis devo-

---

[48] BALAGUÉ, Miguel. *Historia de la Salvación*, p. 74.

rados pela espada! Eis o que a boca de Javé falou". No capítulo 7 do mesmo livro, o profeta confronta o rei Acaz com a alternativa: fé ou descrença.[49]

O profetismo clássico proclama a aliança de Israel com o seu Deus. Esse apelo implica Israel conhecer Deus como único Senhor e fonte de salvação. Esta é a experiência do profeta: a confiança no Deus salvador e no seu juízo, como narra Isaías 6,5: "Ai de mim, estou perdido". O profeta não é aquele que somente proclama a palavra de Deus para o povo, mas também reflete, no seu coração, essa palavra: o anúncio é fruto da sua experiência de Deus. Essa experiência é transmitida pelos profetas aos homens, que têm um conteúdo decisivo: *se não credes, não permanecereis* (Is 7,9); *chegou o fim para meu povo de Israel* (Am 8,2).[50]

A mensagem profética tem, fundamentalmente, por conteúdo as seguintes características: a) o elemento religioso, o anúncio da caminhada do povo com o Deus Javé, a aliança e o messias. Com isso, conserva a religião de Israel como culto ao Deus Javé e exorta o cumprimento da lei, que é a base para a aliança; b) iluminação e consolação ao povo, para que ele se conserve na fidelidade a Deus e reconheça seu pecado; c) povo sacerdotal, na tentativa de fazer reconhecer a exterioridade do culto praticado pelos sacerdotes e, ao contrário, ambicionar a vivência interior da fé em Deus, em detrimento dos sacrifícios; d) e o elemento político, para combater o poderio dos reis e dos juízes e de todos aqueles que escravizavam o povo (2Sm 12,1-15).[51] Todos esses elementos, que comportam o conteúdo do anúncio dos profetas, estão em função da salvação do povo, fundamento de toda revelação de Deus à humanidade.

Muitas são as dificuldades que os profetas encontram: ao povo do AT Deus se revela como Uno. A dificuldade

---

[49] GUNNEWEG, Antonius H. J. *Teologia Bíblica do Antigo Testamento*, p. 250.
[50] *Ibid.*, p. 251.
[51] BALAGUÉ, Miguel. *Historia de la Salvación*, p. 77-78.

consiste em afirmar a vinda de um messias como filho de Deus (na perspectiva metafísica). Por isso não se fala de Deus para Israel da mesma forma como se fala para o povo do NT. Eis, então, a dificuldade da profecia messiânica. Ainda mais, os profetas não têm consciência total do messianismo futuro, embora o profetismo messiânico seja contínuo e harmônico, pois todos os profetas falam a partir de um mesmo Deus. Como também, o entendimento de uma profecia se dá a partir de um tempo e lugar determinados, em volta de uma pessoa, existência encarnada. A profecia messiânica, ao contrário, não pode tratar com precisão sobre esses elementos. Por isso a dificuldade em transmitir e empolgar o povo sobre a vinda do messias. O profetismo, portanto, depara-se com suas dificuldades,[52] que implicam *imparcialidade* do anúncio salvador (pleno) de Deus para a humanidade.

4. Os profetas anunciam: Jesus é o messias salvador

O AT dá a base, suporte para a compreensão do NT. Este necessita de vários conceitos, de metáforas e categorias já apontados pelo texto do AT, para fundamentar o pensar teológico messiânico e, com isso, a trajetória da história de salvação até o seu mais alto ponto: Jesus Cristo. Assim, o AT nos diz *que* é o messias, o Cristo, já o NT nos mostra *quem* ele é; o NT, ao falar que Jesus é o Cristo, aponta para o AT, que afirma Cristo ser o filho de Davi, o redentor e salvador da humanidade.[53]

A mensagem messiânica é anunciada pelos profetas como um governo, que virá se estabelecer em um tempo futuro-próximo, promotor de justiça e de paz. Essa empreitada consolidará o Reino. O profeta Isaías, ao se dirigir ao

---

[52] *Ibid.*, p. 78-79.

[53] FEINER, Johannes; LOEHRER, Magnus. *Fundamentos de dogmática histórico-salvífica. O evento Cristo.* V III/1. Petrópolis: Vozes, 1984, p. 94.

rei Acaz (734/733), na ocasião em que Arã e Efraim queriam destruir a *Casa de Davi*, anuncia uma pregação visionária: "pois sabei que o Senhor mesmo vos dará um sinal: eis que a jovem concebeu e dará à luz um filho e dar-lhe-á o nome Emanuel" (Is 7,14). Esse anúncio, feito pelo profeta Isaías, mantém a promessa de Javé: fidelidade e salvação para um povo ameaçado pela crueldade dos reis. Com isso, Javé demonstra estar ao lado do seu povo (Is 7,12ss). Ainda que o anúncio esteja referido, incialmente, ao nascimento de Ezequias, filho de Acaz, expressa-se um significado que vai além de uma situação repentina.[54] Mais à frente, em uma releitura, tal anúncio implicará a promessa de uma nova monarquia, a ser implantada.

Em Isaías 11,1-5.9, a presença de Deus está associada ao seu Espírito: do cepo de Jessé, do pai de Davi, nascerá uma pessoa triunfante, eleita a partir de Deus (1Sm 16,1-13), em quem habitarão o Espírito de Deus e a plenitude da sua vontade. Esse novo rebento governará o mundo com justiça e fidelidade em favor dos pobres. Diferente dos reis, não governará as nações com armas nem segundo as insinuações dos homens, mas segundo o Espírito d'Aquele que o enviou. Ele vencerá o mal com a *vara da sua boca* e não com a *vara de ferro* (Sl 2,9) e sua paz será repleta ao ponto de não mais residir discordância entre os seres vivos, assim como será dizimada toda violência. Esse rebento terá um governo indeterminado. Ele agirá segundo o Espírito de Deus e tornará possível conhecer Deus no seu íntimo. Em Miqueias (5,1-5), esse rei não sairá de Jerusalém, mas de Belém. Deus contraria todo conhecimento e vontade humana (1Sm 16,7) e age segundo sua própria vontade e sabedoria.[55]

Todo esse contexto da profecia messiânica, até aqui exposto, responde às expectativas da vinda de um rei ungido.

---

[54] KESSLER, Hans. Cristologia. In: SCHNEIDER, Theodor (Org.). *Manual de Dogmática*, vol. I, p. 231.

[55] *Ibid.*, p. 232.

Após o ano de 587, com a inexistência de um rei e destruição do santuário central em Sião, os profetas surgem como verdadeiros *mediadores* da palavra. Tudo depende deles! O profeta Ezequiel, no início do exílio, promete a ressurreição do povo. Diante da opressão dos pastores, Javé irá assumir o povo. E, com isso, prover um único pastor, que reinará para todo o sempre. Esse salvador será, assim como fala Deus, o *meu servo Davi*. Dessa forma, Javé estabelece uma nova aliança com o seu povo. Nesse horizonte, o profetismo apresenta uma singularidade, pois o Espírito de Javé é associado à vocação do profeta; ele é o espírito da vida, que levará vida a todo Israel.[56]

Nos *cânticos do servo de Deus*, o *servo* recebe a missão de mediador para salvar Israel e, além dessa realidade, todos os povos. Esse servo é o próprio profeta de Deus, pois nele Deus coloca o seu Espírito e abre os seus ouvidos para escutar a Deus e transmitir sua Palavra aos exilados. Não obstante, esse *homem* será rejeitado por muitos, injuriado e sacrificado, morto sem qualquer culpa. Para o povo ele não merece a graça de Deus, por isso é castigado. Para os discípulos ele paga a culpa de outros; carrega os pecados da humanidade. Mas sua morte tornar-se-á fonte de vida para a humanidade. Essa compreensão, de que um homem carregará o fardo de todos e intervirá pelo pecador e morrerá como sacrifício pela culpa, é incompreensível para Israel.[57]

Para os profetas Ageu e Zacarias a *vinda próxima de Javé* e *tempo de salvação* serão consolidados pela reconstrução do Templo. Esses profetas estão motivados por uma expectativa messiânica próxima.[58] Tal profecia messiânica fala de um homem concreto, em uma determinada época: Zorobabel, o *servo de Javé*, irá construir um templo para a glorificação de

[56] *Ibid.*, p. 232. Cf. Ez 2,1; 3,12; 34,1-23ss.25-31; 37,9ss.24ss.26-28; 39,29.

[57] *Ibid.*, p. 233. Cf. Is 42,1-9; 49,1-9c; 50,4-9; 52,13-53,12; Dt 24,16; Jr 31,30; Êx 32,32ss.

[58] FEINER, Johannes; LOEHRER, Magnus. *Fundamentos de dogmática histórico-salvífica: O Evento Cristo* (V III/1), p. 109.

Javé. Nesse período, pós-exílio, o ministério sacerdotal é tomado como mediador da salvação verdadeira. Dessa forma, Zorobabel e Josué estão paralelamente mencionados; são os portadores de uma nova unção messiânica.[59]

Segundo o *documento sacerdotal*, a dinastia real perde sua acuidade, pois agora o ministério sacerdotal passa a exercer o único meio necessário de salvação para Israel. Esse ofício é desenvolvido pelo culto sacrifical restrito à ideia de expiação. Para os sacerdotes levitas o ofício sacerdotal é exercido junto à liderança política. Dessa forma, o sacerdote, pelo rito da unção, é *o sacerdote ungido*. No entanto, em tempos seguintes, esse ofício frustra as esperanças (ano 300 a.C.), pois os sacerdotes profanam o Templo.

Contudo a profecia não desaparece. O *Dêutero-Zacarias* anuncia um rei futuro e, com isso, enche o povo de esperança. Esse rei carrega a dádiva da humildade, da justiça, da paz. Ele virá para assegurar a salvação para o homem (Zc 9,9ss). Para o Novo Testamento,[60] *Zacarias* 12-14, textos mais tardios, está diretamente associado a Jesus: "quanto àquele que eles transpassaram, eles o lamentarão como se fosse a lamentação de um filho único; eles o chorarão como se chora sobre o primogênito" (Zc 12,10); "espada, levanta-te contra o meu pastor e contra o homem, meu companheiro, oráculo de Iahweh dos Exércitos. Fere o pastor, que as ovelhas sejam dispersadas! Eu voltarei a minha mão contra os pequenos" (Zc 13,7).

Até então, a profecia messiânica estava fundada na monarquia, nas suas várias instituições: um sacerdócio, um rei, o culto no Templo. Com nenhuma dessas instituições, porém, foi possível cumprir o profetismo: ou decretava-se abono total à esperança messiânica ou depositava-se confiança em uma realidade transcendente, assegurada pelo próprio Deus. Essa desconfiança atingiu Israel ao ponto de um grupo, fiel

[59] KESSLER, Hans. *Cristologia*, p. 234. Cf. Ag 2,23; Zc 3,8; 4,1-5.10c.11.13ss; 6,12.
[60] Mc 14,27; Jo 19,37; Ap 1,7.

à Torá, perguntar: até quando? (Dn 8,13). Diante dessa situação, parecia que Deus deveria efetuar o juízo e apresentar um novo início desta história, que fosse breve e sem qualquer interrupção humana (Dn 2,34s.44s; 3,33; 4,31; 8,25).[61]

Em *Daniel* 7,1-28 – na imagem das bestas, que representam os impérios e que já não mais sustentam o poderio, porque Deus os venceu –, aparece, agora, uma figura humana, ornada de poder, glória, realeza, majestade. Seu poder é eterno (Dn 7,13ss). Segundo a interpretação feita deste relato, este reino será vitorioso para sempre aos *santos do altíssimo* (Dn 7,18.22.27). No entanto, por não se ter clareza desse "homem", a interpretação é incerta, por isso com duas nuances: coletivo-simbólica (por falar do povo de Israel); individual-pessoal (de uma pessoa celestial). A única certeza existente refere-se à imagem de uma figura humana vista do céu, um representante de Deus. Por isso, a interpretação feita no século I (a.C.) atribui a esse ser humano uma figura individual, de procedência terrena e graça divina, com o poder de julgar todo o mundo. Esse indivíduo é o Messias, o ungido de Deus.

[61] KESSLER, Hans. *Cristologia*, p. 236.

2
A PLENITUDE DA SALVAÇÃO EM JESUS

Neste capítulo, procuraremos entender, de modo lógico, coerente e necessário, a plenitude da salvação em Jesus, isto é, Jesus é a plenitude da salvação, que vem de Deus. Entender de modo racional é perceber que existe na dita argumentação (três) grandezas que se relacionam: Jesus, salvação e Deus.

A coerência, por sua vez, vem pelo fato de que tanto Jesus quanto a salvação se originam do próprio Deus. Torna-se então necessário compreendermos a dinâmica da relação entre Jesus e a salvação como fonte originária de Deus. Para tanto, refletiremos sobre a pré-existência de Jesus como o Logos de Deus, bem como sobre a salvação em Cristo, como desígnio de Deus e, por conseguinte, o seu mistério pascal, núcleo da ação salvadora do Pai, e a ação do Espírito, formadora da comunidade cristã.

1. Jesus, o Verbo encarnado de Deus

Os gnósticos costumavam usar um hino que celebrava a figura de um revelador; e o conteúdo de sua palavra era tido como um verdadeiro logos. Com o advento do cristianismo, o revelador foi atribuído a João Batista e o logos, a Jesus de Nazaré. O evangelho de João se serve dessa tradição e coloca a questão no prólogo, tornando um dos assuntos mais discutidos em toda a Sagrada Escritura.[1]

Para João, no *prólogo*, o Logos existia desde sempre, ele estava em Deus e era Deus (Jo 1:1). Por meio d'Ele todas as coisas foram feitas e nada poderia existir sem Ele (Jo 1,3), isso porque nada que existe é fruto de um acaso racional, mas querido por Deus, como instituído por seu desígnio próprio.[2] Ora, o mundo fora criado por Ele e n'Ele se encontra toda a sabedoria, que é sabedoria de Deus. Aos homens caberia reconhecer a grandeza de Deus, que se revelava no mundo e para o mundo. No entanto, ele, o homem, acabou não reconhecendo o autor de toda criação. Por isso "Ele estava no mundo e o mundo foi feito por meio dele, mas o mundo não o reconheceu" (Jo 1,10).

Como narrado no Antigo Testamento, Deus se revela a um povo, e sua manifestação foi fracassada. Depois, os profetas surgem como mediadores dessa revelação. Porém, assim como na primeira revelação, o fracasso imperou. A Deus, agora, reservaria sua revelação em plenitude: "muitas vezes e de modos diversos falou Deus, outrora, aos pais pelos profetas; agora, nestes dias que são os últimos, falou-nos por meio do Filho, a quem constituiu herdeiro de todas as coisas, e pelo qual fez os séculos" (Hb 1,1-2). Por isso, "o Verbo se fez carne e habitou entre nós; e nós vimos a sua glória, glória que ele tem junto ao Pai como filho único, cheio de graça e de verdade" (Jo 1,14).[3]

Falar do fracasso da revelação não significa que Deus falhou ou perdeu o desejo de se manifestar. O fracasso é no sentido de que o tempo e a história não abarcam sua plenitude no aqui e agora. É como a realidade do Reino de Deus que con-

---

[1] CALLE, Francisco de la. *A Teologia do Quarto Evangelho*. Trad. José Raimundo Vidigal. São Paulo: Paulinas, 1985, p. 39.

[2] BENTO XVI. *Verbum Domini*. Exortação Apostólica pós-sinodal sobre a Palavra de Deus na Vida e na Missão da Igreja (30.09.2010). São Paulo: Paulinas, 2011, n. 8.

[3] Aqui não se trata de um discurso teórico, de sistematização do conhecimento, mas de uma proclamação a partir de uma experiência vivida.

templa dois momentos, isto é, o já e o ainda não, cabendo ao ainda não o momento da plenitude. Outra questão que surge é quanto aos mediadores: os pais, os profetas e Jesus. Parece que fora deles não existiria outra possibilidade de Deus se revelar ou, desde a formação do povo de Israel, passando por Jesus até hoje, houve algum momento em que Deus se ausentou ou algum sistema no mundo provocou tal afastamento e ausência de mediadores da revelação. Deus é fonte do bem, da vida, da libertação, da justiça, do amor etc. Na história, são nesses acontecimentos que o povo faz a experiência da presença de Deus e foram neles que a consciência do povo se abriu como verdadeira e legítima presença, porque Deus é vida, é libertação, é justiça, é amor. Historicamente, a consciência do povo não se abriu para ver a presença de Deus naquilo que destrói a vida: escravidão, injustiça, morte etc. Existem deuses que historicamente legitimam tais ações, mas certamente não foi o Deus de Israel. De outra forma, Deus não é propriedade de pessoas, instituições e religiões. Como foi dito acima, Ele fala de diversos modos e seu espírito sopra onde quer. Por isso Ele se revela nas situações mais inesperadas do modo de pensar e viver dos povos, mesmo nos reinos mais potentes que existiram em Israel, como o reinado de Davi e Salomão, em que se experimentou a grandeza do poder e da riqueza e parecia desnecessária a presença de Javé. Porém nem tudo o que reluz é ouro e nem tudo o que balança cai, pois foi nesses reinos que os israelitas introduziram a corveia (1Rs 11,28), isto é, o trabalho escravo ou a exploração do seu povo, que culminou na pobreza e miséria. O sinal da revelação de Deus veio por meio do filho da empregada de Salomão, Jeroboão (1Rs 11,26), que foi eleito rei pelo povo do então reino do norte em revelia ao rei Roboão, filho legítimo de Salomão (1Rs 12,1-20). A profecia de Natã é outro sinal grandioso da revelação de Deus, pois, embora advinda dos setores campesinos, tocou o coração de Davi para que ele não fosse apenas um rei soberano no seu palácio, mas um pai para o povo e que construiria uma casa para Javé (2Sm 7,1-17).

Dentre tantos outros sinais da revelação de Deus que brotaram no seio da história surge o grande sinal, Jesus de Nazaré, o filho de Deus. Ele nasceu de uma família humana, capaz de superar os conflitos culturais, sociais e religiosos para dar continuidade à tradição da fé em um Deus salvador (Lc 1,67-79).

Ora, se a revelação de Deus na história veio por meio de Jesus, e este nasceu de uma família humana, nada mais seria necessário para compreender e acreditar que Ele é definitivamente a revelação viva de Deus presente na história. Sem sombra de dúvidas e junto com os Evangelhos, podemos crer e afirmar: Ele é o Deus conosco, que veio habitar entre nós. Seu nascimento é o presente de Deus para toda humanidade. Contudo surgem ainda hoje alguns questionamentos: não estamos fazendo do homem Jesus uma marionete de Deus na história? Essa história não é apenas fruto dos efeitos milagrosos narrados pelos Evangelhos e de difícil compreensão?

Por mais milagroso que seja o nascimento de Jesus, narrado nos Evangelhos, a compreensão do seu novo nascimento, por meio do batismo, faz emergir no seio da história o homem na plenitude de sua consciência, de sua liberdade e de sua crença para ingressar na vida pública e exercê-la como um verdadeiro ministério. De um simples camponês desconhecido, que era, e um trabalhador da Galileia, ao ser batizado por João Batista, Jesus tornou-se parte da nova, verdadeira e redimida nação israelita, consideração essa que os Essênios e João colocavam para si e para seus discípulos, dos quais Jesus também participou por opção consciente, ao contrário de outros que optaram por voltar para suas famílias depois de serem batizados.[4]

Essas considerações são possíveis de compreender quando superamos a polêmica em torno da importância de quem deveria ser superior: João ou Jesus, marcada pela tradição evangélica. Contudo, os Evangelhos são unânimes em afir-

---

[4] ASLAN, Reza. *Zelota*: a vida e a época de Jesus de Nazaré. Trad. Marlene Suano. Rio de Janeiro: Zahar, 2013, p. 104ss.

mar que Jesus, depois do batismo, não voltou para a Galileia senão para o deserto da Judeia, isto é, o mesmo lugar do qual João tinha acabado de sair. Jesus foi para o deserto aprender com João e se solidarizar com seus seguidores, o que os evangelhos harmonizam com a narrativa de Jesus sendo "tentado por Satanás" no deserto (Mc 1,12-13). Mesmo antes da prisão de João, Jesus andava dentro e fora do círculo de João, pregando e batizando ao lado do seu mestre na Judeia. O movimento de João tinha, na prática do batismo, alguma semelhança com o dos Essênios, a provável fonte que ele renovou com grandeza. Jesus também não foi um simples imitador do movimento batista, mas um verdadeiro revolucionário, ou seja, sua concepção sobre o Reino de Deus não parou no conceito ideal de justiça, mas na prática radical. Além da água no batismo, Jesus acrescentou o Espírito Santo e o fogo.

A atuação histórica de Jesus de Nazaré, descrita acima, se não responde aos questionamentos sobre sua pessoa, na esfera divina ou humana, pelo menos nos garante que esses acontecimentos históricos possam ser observáveis, interpretados e comentados na linguagem da fé. E mais ainda, esses mesmos acontecimentos são provavelmente o alicerce da verdadeira ação salvadora definitiva e decisiva de Deus. Se Jesus é objeto dessa ação escatológica definitiva de Deus é porque fez uma experiência religiosa aberta e em linguagem de fé, tendo como base a sua atuação histórica nesta terra. Isso pode significar que o sentido da vida humana, na vida de Jesus terreno, foi compreendido por meio de palavras e obras que serviram de exemplo para aqueles que o compreenderam e o aceitaram como referência à compreensão de si mesmos e de toda realidade.[5]

A revelação de Deus, em Jesus, caracteriza-se fundamentalmente por três elementos: a) *sua preexistência como o Logos de Deus* (Jo 1,1-2); b) *sua encarnação como Logos* (Jo

[5] SCHILLEBEECKX, Edward. Jesus. *A História de um Vivente*, p. 641-642.

1,14); c) sua *intimidade permanente com o Pai* (Jo 1,18).[6] Com isso, a revelação narrada no evangelho de João tem o máximo de extensão e de significação porque Cristo é a Palavra encarnada e o Filho vive no seio amoroso do Pai. A existência do Cristo o qualifica como único e perfeito revelador do Pai; Ele, em sua vida e missão, habita no seio da Trindade: é Palavra e Sabedoria de Deus e, em sua encarnação, é luz e verdade para os homens. Assim João apresenta Cristo como o revelador de Deus.[7]

Como explica João, no prólogo, o Logos é o Filho unigênito de Deus, gerado pelo Pai antes mesmo de todos os tempos e consubstancial a Ele, isto é, de sua mesma natureza.[8] A encarnação de Jesus é a revelação sublime de Deus na história. Como Jesus revela o Pai, por isso é encarnado, assim todo o seu comportamento, suas atitudes, seus ditos e sua existência revelam o mistério do Pai. Ele é aquele que fala com autoridade, porque fala a partir do Pai: explica as verdades de Deus e o mistério de amor pela humanidade. Os discípulos, atentamente, escutam a sua *palavra* – os ensinamentos do Mestre –, bem como aprendem com as suas *atitudes*: Jesus vive em íntima união com Deus, na oração, no diálogo, na compaixão. Suas atitudes são as atitudes daquele que o revela.

Com Jesus, uma nova moral se inaugura. Ele serve e age com humildade de coração: "como Deus o ungiu com o Espírito Santo e com o poder, ele que passou fazendo o bem e curando a todos os que estavam dominados pelo diabo, porque Deus estava com Ele" (At 10,38); "dei-vos o exemplo para que, como eu vos fiz, também vós o façais" (Jo 13,14). A revelação de Deus, portanto, dá-se em *palavras* e *gestos*: as palavras indicam as ações e os gestos e seus mais elevados

---

[6] Cf. LATOURELLE, René. *Teologia da Revelação*. Trad. Flávio Cavalca de Castro. São Paulo: Paulinas, 1972, p. 77.

[7] *Ibid.*, p. 77.

[8] BENTO XVI. *Verbum Domini*, n. 7.

significados; os gestos e as ações revelam ou traduzem as palavras, seu conteúdo mais nobre e divino.[9]

A revelação de Jesus acontece paulatinamente na história. Ele revela o mistério do Pai e, ao revelar o Pai, também revela quem Ele é. Toda a ação de Jesus está em correspondência ao profetismo messiânico proclamado no Antigo Testamento. De fato, a revelação definitiva de Deus, em Jesus Cristo, dá-se na nova aliança; ela, por sua vez, reflete a história salvadora alimentada nos textos veterotestamentários.[10]

Jesus é a testemunha plena do Pai. Ao se encarnar, assume a vontade do Pai e seu projeto de salvação. O Filho assume a natureza divina e humana: como Verbo divino, ele fala segundo a linguagem do Pai; como Verbo encarnado, segundo a linguagem humana. Entre o Pai e o Filho não há distinção desde o princípio. A humilde, condição humana do Filho, é elevada à glória do poder divino, permitindo uma profunda união, na qual o divino não seria feito sem o homem, nem o humano sem Deus.[11] Decorre que a união das naturezas em Cristo, assim em unidade de pessoa, dá possibilidades da passagem do plano divino ao plano humano, assim como garante a fidelidade da transmissão.[12] Portanto, Jesus é Deus, que, pela linguagem humana, transmite o mistério do Pai, quer dizer, o mistério divino é revelado por proposições humanas: realmente, o Verbo prometido desde sempre assumiu a condição humana; a *Palavra divina* passou a expressar-se em *palavras humanas*.[13]

---

[9] LATOURELLE, René. *Teologia da Revelação*, p. 478.

[10] FEINER, Johannes; LOEHRER, Magnus. *Fundamentos de dogmática histórico-salvífica*: Teologia Fundamental. V III/1. Petrópolis: Vozes, 1984, p. 56.

[11] Como declarado no Concílio de Calcedônia e prescrito na carta "Promisisse me memini" (também chamada *Tomus II Leonis*), carta destinada ao imperador Leão I, em 17 de agosto de 458. DENZINGER, Heinrich. *Compêndio dos símbolos, definições e declarações de fé e moral*. Trad. José Marino e Johan Konings. São Paulo: Paulinas, Loyola, 2007, n. 318.

[12] LATOURELLE, René. *Teologia da Revelação*, p. 479.

[13] BENTO XVI. *Verbum Domini*, n. 11.

Sem sombra de dúvida, a revelação, por meio da encarnação, implica um privilégio importante porque, em Jesus Cristo, Deus mesmo se manifesta para nós como ser vivente em nosso mundo e como pessoa passível de conhecimento e de comunicação com qualquer outro ser humano. Portanto as palavras de Cristo nos fornecem a verdadeira face da nossa interioridade. O conhecimento de Deus é, para Cristo, um bem familiar, que comunica a quem Ele quer, junto com o Pai e o Espírito.[14]

Jesus conhece o Pai a partir da própria pessoa de Deus, por isso sua comunicação é verdadeira: "Eu e o Pai somos um" (Jo 10,27). Portanto Jesus é Deus, que revela e que, ao mesmo tempo, é revelado; é o caminho que conduz o homem a Deus, à salvação: "Ele é a imagem do Deus invisível, o primogênito de toda criatura" (Col 1,15; 2Cor 4,4); a luz do mundo (Jo 8,12); o Verbo verdadeiro de Deus, o Filho único, que veio ao mundo para dar plenitude à revelação do Pai. Jesus é o Deus, que fala e, ao mesmo tempo, o Deus do qual se fala, autor e objeto da salvação. Ao encarnar a natureza humana, é Aquele que revela o Pai; ao se tornar servo de Deus, é aquele que prega e ensina as verdades que vêm do Pai. Se antes Deus falou pelos profetas, agora, unido à natureza humana, ele se faz conhecer pelas palavras e pelos gestos do seu Filho unigênito, o messias prometido desde sempre. Por isso, em Jesus Cristo, as verdades que brotam do interior de Deus são expostas ao homem, a fim de que ele as ouça e assimile. Todo o conhecimento de Deus e seu mistério de salvação serão, então, provindos (mediados) do Verbo, do Filho prometido desde sempre, Jesus Cristo.[15]

O Deus encarnado é agora Deus entre os homens, testemunha plena de amor e salvação, manifestação da graça abundante, da vida segundo o Espírito de Deus. Jesus é,

---

[14] LATOURELLE, René. *Teologia da Revelação*, p. 481. Cf. Jo 1,18; Lc 10,22; Jo 5,20.
[15] *Ibid.*, p. 483-485.

portanto, a plenitude da revelação. Nele, a revelação se dá como ação e encontro.

2. A experiência salvadora de Deus em Jesus Cristo

Como já enfatizado, a revelação sublime de Deus, na história, aconteceu por meio do Verbo. Deus, ao se revelar, atualiza o seu plano de salvação para o homem; este é o desígnio primeiro de Deus. Toda revelação permeia a realidade desse desígnio. Portanto Deus se revela para salvar. Nesse horizonte, para compreendermos seu mistério de salvação, precisamos partir da salvação acontecendo na história de Cristo para, daí, compreendermos a salvação cristã, bem como o que significa confessarmos que Ele, Jesus Cristo, é o salvador do mundo.[16]

A salvação na vida de Jesus acontece por uma entrega incondicional ao Pai e aos homens (Jo 10,18). Todo o percurso da sua vida (encarnação, ensinamentos, curas, morte, ressurreição) atesta essa verdade. Tudo o que Jesus fez e anunciou colaborou para o seu plano de salvação, que é a salvação em Deus, pelo Espírito. Logo, toda revelação de Jesus é obra de salvação. Jesus é salvador na sua integralidade, ou seja, em todo o seu ser e itinerário histórico. Não há revelação do Filho que possa contradizer esse dom. Jesus, ao revelar o Pai, revela-se. Essa revelação o faz, aos poucos, tomar consciência da sua missão salvadora. Assim, a unidade do Filho e o Pai toma força salvadora, para resgatar todos para Deus.[17]

Essa salvação está destinada ao homem, *por nós*,[18] porque revela o sentido existencial de Jesus para os outros (os pobres, marginalizados, enfermos etc.), até o último momento da sua vida: "isto é o meu corpo, que é para vós (1Cor 11,24); "isto é o meu sangue, o sangue da Aliança, que é derrama-

[16] MIRANDA, Mário de França. *A salvação de Jesus Cristo,* p. 75.

[17] FEINER, Johannes; LOEHRER, Magnus. *Fundamentos de dogmática histórico-salvífica*: Teologia Fundamental (V III/1), p. 56. Cf. Rm 5,8; 8,32; Jo 3,16; 17,4-8.21-26.

[18] Cf. 1Cor 15,3; 2Cor 5,14; Rm 8,32; Gl 1,4; 2,20.

do em favor de muitos" (Mc 14,24). Nota-se, dessa forma, a entrega total de Jesus ao homem e seu desejo de salvação, que se plenifica na morte de cruz, como também a adequação entre a construção do Reino e o sentido de sua oblação.

A expressão sublinhada *por nós* significa, além de *por causa do homem* ou *em favor dele, no lugar de*. Caso se apontasse somente as razões históricas da morte de Jesus, considerar-se-ia que ele morreu *por causa* dos pecados do homem, o que poderia fragilizar a maior força desta verdade. Ao contrário, o salvador morre *para* o perdão dos pecados, para a expiação. Jesus cumpre seu desígnio de salvador porque se entrega completamente à humanidade, uma vez já assumida, em primeiro, sua entrega total a Deus: Jesus descobre na Escritura um destino histórico de rejeição, sofrimento e morte. Mais que um destino, Jesus assimila essa realidade como um desígnio de Deus que não é feito pelo caminho dos sucessos históricos, mas que passa pela morte e o faz entrar na glória.[19]

Por isso, toda a sua vida é um exercício de entrega, cujo ápice é a morte de cruz. Ao aceitar a cruz, Jesus realiza o teste decisivo que garante unidade e transparência com Deus. Essa contínua aceitação da cruz é o espírito pelo qual Jesus se deixa guiar para se autoentregar como carne, isto é, como pessoa presente na história ("indivíduo histórico"). A cruz torna-se o mistério da manifestação do amor que Cristo realiza em sua natureza humana como um dom real de si aos homens.[20] A morte ainda ganha maior sentido ao considerar, como acreditado pelo cristianismo, que Jesus não herdou a mancha do pecado. Com isso, presume-se que sua morte foi, verdadeiramente, uma entrega total para os outros.[21]

---

[19] MOINGT, Joseph. *O homem que vinha de Deus*. Trad. Nadyr de Salles Penteado. São Paulo: Loyola, 2008, p. 349.

[20] TILLICH, Paul. *Teologia Sistemática*. Trad. Getúlio Bertelli. São Paulo: Paulinas; Sinodal, 1987, p. 118. PHILIPPE, M. D. *O mistério de Cristo crucificado e glorificado*. Trad. Costa Aguiar. São Paulo: Paulinas, 1970, p. 72.

[21] MIRANDA, Mário de França. *A salvação de Jesus Cristo*, p. 76-77.

A morte de Jesus redime o homem de todo o seu pecado *uma vez por todas*: "porque, morrendo, ele morreu para o pecado uma vez por todas; vivendo, ele vive para Deus" (Rm 6,10). E essa morte aconteceu *por todos*: "ora, ele morreu por todos a fim de que aqueles que vivam não vivam mais para si, mas para aquele que morreu e ressuscitou por eles" (1Cor 5,15). Com isso, todo sacrifício, realizado no Antigo Testamento, enfraquece-se, pois Jesus redime todo o pecado do mundo.[22] A morte de Jesus Cristo tem um sentido expiatório, em que o Filho de Deus toma nosso lugar, assumindo nossa condição de pecadores. Jesus não comete pecado, mas Deus o faz pecado por todos (2Cor 5,21); por Ele, a humanidade poderá alcançar a justiça de Deus. A salvação de Cristo traz a reconciliação do homem com o Pai.[23]

O projeto de salvação em Deus não acontece somente porque Jesus manifesta a misericórdia do Pai e, com isso, seu plano de aliança, mas também porque Jesus participa, ativamente, desse ato de salvação. Ele, em Deus, no Espírito, coopera, com lucidez e veemência, com a salvação da humanidade e a comunica. É ele quem, de fato, se entrega (Gl 2,20). Essa ação salvadora se expressa pela *obediência* de Jesus ao Pai (Rm 5,129; Fl 2,8), acontecida na experiência de liberdade, sofrimento e confiança.

A salvação acontecida em Jesus, por meio de sua morte, como entrega no lugar do homem, implica à humanidade "morrer a sua morte" e, assim, ressuscitar dos mortos e alcançar a vida nova.[24] E essa nova vida é integral, pois, uma vez que o ser humano é criatura de Deus, e Deus constantemente quer o seu bem, só poderá alcançar a salvação em sua pessoa toda, quer dizer, em seu corpo e alma.[25]

Para Paulo, o conhecimento de Cristo conduz à experiência de conformação com a sua morte e ressurreição (Fl 3,10).

---

[22] Cf. Rm 6,10; 1Pd 3,18; Hb 7,27; 9,12; 10,10.

[23] MIRANDA, Mário de França. *A salvação de Jesus Cristo*, p. 78.

[24] *Ibid.*, p. 79.

[25] GONZÁLEZ, Justo L. e PÉREZ, Zaida M. *Introdução à Teologia Cristã*. Trad. Silvana Perrella Brito. Santo André: Academia Cristã Ltda, 2006, p. 146.

Experiência tal que já se realiza no batismo (Rm 6,3; Cl 2,12). A realização histórica da promessa do Pai, em Jesus, implica não somente no fato de o Filho assumir a condição humana e o Reino, mas também no de entregar sua própria vida pelo homem. Essa entrega é fruto da ação do Pai, na vida do Espírito, assumida por Jesus. Fundamentalmente, para Paulo a salvação é autocomunicação de Deus, realizada em Jesus Cristo, no Espírito.[26]

3. O mistério pascal, centro da ação salvadora de Deus

Para Lucas toda a vida de Jesus está direcionada para Jerusalém. A única viagem de Jesus, da Galileia à Cidade Santa (Lc 9,51ss), cumpre a sua função: atuação da missão do salvador, que logo mais irá padecer para alcançar a glória, que consiste na união com o Pai.[27] Jesus sobe a colina santa, com uma peregrinação solene.[28] Ao se dirigir para Jerusalém, recorda o caminho do povo de Israel. É nesta cidade que o AT atesta as teofanias salvadoras de Javé. Ao chegar à cidade, Jesus entra no templo como a boa notícia. Com a ruína do templo, ele se revela como o templo santo. Segue, então, o "anúncio" da morte e ressurreição de Jesus. Para João a morte-ressurreição de Jesus revela a sua *hora*.[29] Essa *hora* está antecipada pelo *sinal* de Caná (Jo 2,4): Jesus entrará, definitivamente, para a sua glória. O discurso da Santa Ceia invoca essa realidade. A subida ao Pai inicia-se com a elevação da cruz e finaliza-se com a ascensão. E, quando Jesus tiver na glória, conquistará todos para si.[30]

A morte de Jesus rompe com o véu do Templo (Mt 27,51) e abre uma nova vida para a humanidade. Ao se sentar à direta do Pai, Ele constitui-se como o *príncipe da vida*. O evento pascal vem se constituir a "consumação" sacrificial

---

[26] FEINER, Johannes e LÖHRER Magnus. *Fundamentos de Dogmática histórico-salvífica* (III/7), p. 23.

[27] BREUNING, Wilhelm. *Jesus Cristo, o Salvador.* São Paulo: Loyola, 1972, p. 16.

[28] Lc 10,38; 13,22; 17,11; 18,31; 19,11.28.

[29] Jo 12,23; 13,1; 16,32; 17,1.

[30] CROATTO, J. S. *História da Salvação*, p. 283-284. Cf. Jo 13,31; 14,13; 17,1; Jo 12,32.

de Jesus, d'Aquele que é causa de salvação eterna.[31] Para João Jesus morre como *cordeiro pascal*. Ele é aquele que se santifica para que o homem seja santificado na verdade.[32] Por isso, sua páscoa é realização plena de salvação, que não toca somente a si, mas a toda a humanidade.[33]

Antes, Jesus era anunciado como o *messias*, agora, a partir da sua glorificação, reconhece-se o verdadeiro significado do seu nome, que se transforma em uma confissão de fé: "todo o que crê que Jesus é o Cristo nasceu de Deus, e todo o que ama ao que gerou ama também o que dele nasceu" (1Jo 5,1). O termo "Jesus Cristo" o designa como salvador.

Um dos títulos atribuídos a Jesus é o de "Filho de Deus" (Rm 1,2-4). Para Paulo é a partir da ressurreição que Jesus ganha essa nova nomeação, porque ela expressa todo o conteúdo da soteriologia messiânica. Esse título será, então, inserido na Igreja primitiva, na liturgia do batismo, como é apresentado no discurso do diácono Felipe (At 8,26-40). Por isso, o batismo identifica o homem como ressuscitado e o faz "filho de Deus".[34] Com a ideia da ressurreição, o batismo comportará um sublime valor teológico, pois ele é a antecipação dessa realidade em Deus. A certeza na ressurreição de Jesus nos leva a entender que, embora Deus não nos livre dos sofrimentos terrenos, neles se faz presente em nossa vida e para além deles nos leva para uma nova vida. Nossa morte, nesse sentido, será uma entrega (retorno) total a Ele.[35]

No cristianismo primitivo, adota-se a expressão "Jesus é o Senhor".[36] Trata-se de uma das primeiras confissões de fé. Esse título assemelha-se com o nome de Javé, empregado no Antigo Testamento. Com isso, o querigma afirma a divindade de

[31] *Ibid.*, p. 285. Cf. Hb 10,19ss; Hb 2,10ss; 5,9ss; Hb 10,12-14.

[32] MORAN, Luis Rubio. *El Misterio de Cristo en la historia de la salvacion*. Salamanca: Sígueme, 1991, p. 351. Cf. Jo 17,19; 18,28.39; 19,14.41-42.

[33] *Ibid.*, p. 366.

[34] Gl 4,4-7; 6,3ss; 1Jo 3,1ss.

[35] KESSLER, Hans. *Cristologia*, p. 384

[36] Rm 10,9; 1Cor 12,3; Fl 2,9.

Jesus, como aquele que veio de Deus. Em Lucas 2,11, ao narrar a encarnação de Jesus, já havia utilizado esta nomeação: "nasceu-vos hoje um Salvador, que é o Cristo-Senhor, na cidade de Davi". É Maria quem torna possível a encarnação de Jesus, como "uma ação redentora" que, durante sua vida, ele a atualiza, tornando-a verdadeiro dom.[37] Jesus é também o "juiz escatológico",[38] porque ele é Deus. Ora, no Antigo Testamento, Javé, o Deus de Israel, é salvador. No Novo Testamento, Jesus é salvador. Logo, Jesus é salvador porque é Deus.

A ressurreição desponta, então, como a atualização desse dom salvador, dado por Deus, no Espírito. Essa realidade cristológica é, para os primeiros cristãos, uma profissão de fé. Jesus ressuscitado é Cristo Salvador, como prescreve Paulo (Rm 4,25): "para nós que cremos naquele que ressuscitou dos mortos Jesus, nosso Senhor, o qual foi entregue pelas nossas faltas e ressuscitado para a nossa justificação". Portanto, "Jesus é o Senhor" (Kyrios), Aquele enviado de Deus, como falaram os profetas, e que foi morto e ressuscitado. Essa é a perspectiva da soteriologia do Novo Testamento.[39] Isto quer dizer: o Cristo ressuscitado, pelo poder do Espírito de Deus, é revelado em plena comunhão de vida com o Pai.[40]

A ressurreição de Jesus, que implica sua historicidade (vida, sofrimento e morte), é caracterizada, por um lado, pelo cumprimento da sua existência e missão; por outro, por total entrega à vontade do Pai e, fundamentalmente, pelo ato de sua liberdade e generosidade. Por isso, a ressurreição de Jesus tem sua potência em Deus, como atesta Lucas: "Mas Deus o ressuscitou" (At 2,24). O Pai tem uma intervenção direta no evento da ressurreição. Essa intervenção recria a história, pois o Pai, ao ressuscitar o Filho, demonstra sua grandeza, seu poder e sua força imen-

---

[37] LAURENTIN, René. *Breve Tratado de Teologia Mariana*. Trad. Rose Marie Muraro. Petrópolis: Vozes, 1965, p. 149.

[38] At 10,42; 17,31; 2Tm 4,1; 1Pd 4,5; Jo 5,22.27; Mt 25,31ss.

[39] CROATTO, J. S. *História da Salvação*, p. 289.

[40] MOINGT, Joseph. *O homem que vinha de Deus*, p. 339.

surável:[41] "e qual é a extraordinária grandeza do seu poder para nós, os que cremos, conforme a ação do seu poder eficaz" (Ef 1,19). Na ressurreição, Deus realiza, portanto, a recriação da história, em Jesus, pela ação do Espírito. A verdade e o testemunho de Jesus são confirmados pelo Pai. Essa singularidade implicou a compreensão do ser de Jesus pela comunidade cristã: Jesus, verdadeiramente, é o Deus encarnado, que assume a natureza humana, por isso, a história.

Não obstante, a ressurreição também é fruto da iniciativa do Filho: "ressuscitou, não está aqui" (Mc 16,6).[42] A Tradição sempre entendeu que a ressurreição de Jesus revelou a sua mais sublime identidade: aquele que veio para salvar; em um ato de total liberdade, cumpriu, em gestos e palavras, a sua missão. Por isso, a ressurreição contempla a definitiva confirmação do testemunho de Cristo, por gestos e palavras.[43] A vitória de Jesus é o triunfo do seu agir, que ele também obtém por si mesmo, sobre a sua morte de cruz.[44]

Jesus, porém, como em toda a sua vida, está repleto do Espírito de Deus. Sua ressurreição é a manifestação suprema da força do Espírito (1Pd 3,18). É nessa condição que Jesus é exaltado para vencer a humilhação, a morte. Nesse sentido, dá-se a perfeita unidade entre aquele que ressuscitou e foi ressuscitado, na ação do Espírito.[45] Essa unidade representa o elo de amor entre o Pai e o Filho e o Espírito, no Deus, que é Trino e Uno.

4. O envio do Espírito e a formação da comunidade cristã

Nos *Atos dos Apóstolos* (1,4ss), Lucas retoma o Batismo de Jesus, no Espírito (Lc 3,16), e a promessa da dádiva (do Espírito Santo) para a pregação (Lc 24,47-49). Essa promissão irá

[41] TAVARES, Sinivaldo S. *Trindade e Criação.* Petrópolis: Vozes, 2007, p. 20.
[42] Ver também Mt 27,64; 28,67; Lc 24,6.34; 1Ts 4,14; 1Cor 15,3-5; Rm 8,34; Jo 21,14.
[43] MOINGT, Joseph. *O homem que vinha de Deus*, p. 22.
[44] *Ibid.*, p. 468.
[45] TAVARES, Sinivaldo S. *Trindade e Criação*, p. 23.

se cumprir em Pentecostes, quando todos, reunidos, recebem o Espírito de Deus e começam a falar em línguas diferentes (At 2,1-13).[46] Esse episódio foi interpretado (pela investigação histórico-crítica) como uma força dominadora que agiu sobre os discípulos de Jesus, os quais a concebeu ser o Espírito Santo, impulsionador do anúncio do Evangelho a todos os povos. Lucas faz a memória da promessa do Espírito e sua força profética e, com isso, sua realização, já anunciada no AT (Jl 3,1-5). Ora, Lucas, expressamente, recorda as palavras do profeta Joel: *vossos filhos e vossas filhas profetizarão* (At 2,17). Com isso, sublinha seu acontecimento na história (o evento Pentecostes).[47]

A ação do Pneuma, desse fenômeno extraordinário, evidencia-se como o Espírito Santo de Deus. Em *Atos*, a ação do Espírito está em estreita relação com o Pai e o Filho: "portanto, exaltado pela direita de Deus, ele recebeu do Pai o Espírito Santo prometido e o derramou, e é isto que vedes e ouvis" (At 2,33). Dessa forma, Lucas destaca a necessidade de o Espírito vir de Deus e de sua força santificadora, pois o Espírito confere fé e graça àquelas pessoas reunidas: o Espírito de Deus concede forças às pessoas reunidas, impulsionando a Igreja nascente a uma ação missionária. Essa fortaleza manterá as pessoas diante, particularmente, das dificuldades que serão encontradas.[48]

O próprio Jesus já havia prometido o Espírito aos seus discípulos: "quando vos entregarem, não fiqueis preocupados em saber como ou o que haveis de falar. Naquele momento vos será indicado o que deveis falar, porque não sereis vós que falareis, mas o Espírito de vosso Pai é que falará em vós" (Mt 10,19-20). Em outros ditos, Jesus também fala da presença do Espírito junto aos discípulos (Jo 14,16; 14,26). Ora, o Espírito está no princípio da missão de Jesus.[49] Também os discípulos irão se alimentar da força do Espírito para saírem em missão. A

---

[46] HILBERATH, Bernd Jochen. Pneumatologia. In: SCHNEIDER, Theodor (Org.). *Manual de Dogmática* (V I), p. 433.

[47] *Ibid.*, p. 432-434.

[48] *Ibid.*, p. 435.

[49] CONGAR, Yves. *Espírito do Homem Espírito de Deus.* São Paulo: Loyola, 1986, p. 8.

Igreja, comunidade de fé, ao nascer, faz a experiência do Espírito de Deus, que é a experiência do discípulo. Todos, batizados em um só Espírito, bebem de um mesmo Espírito (1Cor 12,13). E o Espírito sustenta e transforma o homem.[50] A realidade do Espírito atualiza toda vida passada de Jesus no presente da comunidade por meio do batismo, pois fomos batizados todos num mesmo Espírito (1Cor 6,11; 12,13; 15,3).[51]

A atuação do Espírito forma a comunidade cristã, pois o Espírito é o dom essencial de Cristo Ressuscitado. O Pentecostes, então, assinala a graça em que o Espírito de Deus é transmitido à comunidade presente, cumprindo, dessa forma, a profecia de Joel: "o que está acontecendo é o que foi dito por intermédio do profeta" (At 2.16ss.33).[52]

Agora o Espírito é conferido aos crentes para que testemunhem Cristo, como relata Lucas: "mas recebereis uma força, a do Espírito Santo, que descerá sobre vós, e sereis minhas testemunhas em Jerusalém, em toda a Judeia e a Samaria, e até os confins da terra" (At 1,6). Ele também será dom de purificação do homem: "recebei o Espírito Santo. Aquele a quem perdoardes os pecados ser-lhes-ão perdoados" (Jo 20,23). O Espírito irá guiar a comunidade dos fiéis, quer dizer, revelará, ao longo da experiência de fé, os mistérios de Deus, uma vez revelados em Jesus, mas não esgotados. Dessa forma, a comunidade cristã prosseguirá, à luz do Espírito, aprofundando o mistério da salvação.[53]

O Espírito de Deus aprofunda a vivência de oração do homem e o faz assegurar a fé em Jesus Cristo, como relata Lucas (10,21): "naquele momento, ele exultou de alegria sob a ação do Espírito Santo e disse: 'eu te louvo, ó Pai, Senhor do céu e da terra, por-

[50] Para Irineu (180), o Espírito rejuvenescia o conteúdo e o Continente do Cristianismo; para Patrício (†460), na sua *confissão*, o Espírito residia no seu ser, como uma fortaleza.

[51] FEINER, Johannes; LOEHRER, Magnus. *Fundamentos de dogmática histórico-salvífica:* o evento Cristo (II/1), p. 108.

[52] CROATTO, J. S. *História da Salvação*, p. 310. "No dia de Pentecostes, foi enviado o Espírito Santo para santificar continuamente a Igreja e assim dar aos crentes acesso ao Pai, por Cristo, num só Espírito". PAULO VI. *Lumen Gentium.* Constituição Dogmática sobre a Igreja (21.11.1964). In *Documentos do Concílio Ecumênico Vaticano II.* São Paulo: Paulus, 1997, n. 4.

[53] CROATTO, J. S. *História da Salvação*, p. 312.

que ocultaste essas coisas aos sábios e entendidos, e as revelastes aos pequeninos. Sim, ó Pai, porque assim foi do teu agrado'". Para Paulo, essa invocação (*Abba*) somente pode ser proclamada pela força do Espírito (Rm 8,15; Gl 4,6): "o próprio Espírito pelo qual Jesus rezou suscita em nós a oração. É ele também quem nos faz reconhecer Jesus como Senhor" (1Cor 12,3).[54] Essa invocação diz de uma relação trinitária, fato que faz lembrar o louvor a Deus Pai, pelo Filho, no Espírito, deste a Igreja primitiva: o Pai é a fonte; o Filho, o mediador; o Espírito, o templo deste culto espiritual.

O Espírito, que é a fonte de toda interioridade humana, revela a liberdade, como prescreve Paulo: "pois o Senhor é o Espírito e, onde se acha o Espírito do Senhor, aí está a liberdade" (2Cor 3,17), e isto quer dizer: o Espírito não liberta a pessoa do conteúdo da lei, mas da coação que ela pode representar, pois pela graça do Espírito o homem poderá, livremente, interiorizar os seus mandamentos e agir com pureza de coração.[55] A liberdade que o Espírito confere transpassa a faculdade da vida interior pessoal, pois ela está em referência ao próximo, por isso, encarnada em um contexto social. A liberdade também está em conexão com o corpo do homem, porque o corpo é a *casa* do Espírito, por isso necessita de cuidado.

Acima de tudo, o Espírito de Deus é princípio de comunhão. E isso quer dizer, da sua mais profunda natureza, que é mistério de Deus. Em todos o Espírito se faz presente para animar e congregar os homens de boa vontade.[56] Ele, o Espírito, suscita uma diversidade de dons que, por sua vez, está em função do bem comum (1Cor 12,7), por isso da unidade. É tarefa do Espírito exprimir os valores eternos do Reino e personificá-los na vida do homem. Ele está sempre unido ao Verbo: este é a forma; aquele, o seu dinamismo. Como o Verbo é o salvador, o Espírito é o santificador e dinamizador. O Espírito tem a missão de atualizar esse dom de salvação para a humanidade.

---

[54] CONGAR, Yves. *Espírito do Homem Espírito de Deus*, p. 26.

[55] *Ibid.*, p. 27.

[56] *Ibid.*, p. 32.

3

O ESPÍRITO, FORTIFICADOR DA AÇÃO SALVADORA DE JESUS NA IGREJA

Na origem da história da salvação, está a ação de Deus, como manifestação constante de salvar o homem. Deus, após comunicar seu desejo de salvação aos patriarcas e profetas, cumpre plenamente seu desígnio salvador ao enviar seu Filho, como portador do Reino. O Espírito, por sua vez, cumpre a função de fortificar e atualizar esse propósito soteriológico que fora comunicado aos apóstolos e, por conseguinte, a todo povo de Deus, à Igreja nascente. Ora, a Igreja está imersa nesse mistério porque esse dom foi dado a ela por efusão do Espírito de Deus.

A Igreja, por alcançar essa salvação, que vem de Deus, em Cristo, no Espírito, assume a missão de ser portadora dessa salvação, ou seja, de prolongar a missão salvadora de Deus na história. Assim, a Igreja, na história, autocompreende-se como continuadora da salvação; sacramento de Deus para atuar seu plano salvador; memória celebrativa desse ato soteriológico; e autoconsciente da amplitude do mistério salvador de Deus no mundo.

Este capítulo buscará refletir sobre a ação do espírito, que está presente na salvação, que vem Deus, no testemunho, de seu Filho Jesus Cristo, na Igreja, na história e para além dela. O Espírito, do princípio ao fim, está em tudo aquilo que Deus realiza na pessoa de Jesus, testemunhada e celebrada na Igreja.

1. Continuidade da missão salvadora de Jesus na Igreja

A Igreja se desenvolve e torna-se fecunda à medida que testemunha sua fé no Jesus morto e ressuscitado. A consequência desse testemunho é a perseguição. No entanto, o Espírito carrega-se de sustentar os primeiros cristãos e de fomentar o crescimento da Igreja nascente. Para Lucas a experiência da presença contínua do Espírito é fruto da oração: "ora, se vós, que sois maus, sabeis dar coisas boas aos vossos filhos, quanto mais o Pai do céu dará o Espírito Santo aos que o pedirem!" (Lc 11,12). Em Atos (4,24-31), Lucas relata a oração dos apóstolos na perseguição: eles suplicam a Deus a obtenção da assistência para poderem anunciar a palavra. Nesse horizonte, a comunidade cristã revela-se unida ao sofrimento de Jesus Cristo: o sofrimento do Filho na cruz se perpetua na Igreja de Jerusalém.[1]

Depois da oração, Pentecostes é atualizado e a pregação realizada pelos discípulos: "tendo eles assim orado, tremeu o lugar onde se achavam reunidos. E todos ficaram repletos do Espírito Santo, continuando a anunciar com intrepidez a palavra de Deus" (At 2,31). Dessa forma, desenvolvia-se o discurso querigmático (anúncio de fé) e a oração dos discípulos. A Igreja, então, crescia na autenticidade e no tes-

[1] CROATTO, José Severino. *História da salvação*: a experiência religiosa do povo de Deus. 2 ed. São Paulo: Paulinas, 1968, p. 321.

temunho. Nessa perspectiva, três momentos importantes resumem a vida da Igreja nascente.

Em primeiro, como os cristãos não tinham rescindido com o templo (At 2,46; 3,1; 5,12), sentiam-se parte integrante de Israel, e suas esperanças se completavam em Jesus. Aos poucos Israel (quer dizer, aqueles adeptos à verdade cristã) encontra um novo significado para o seu templo: a salvação em Jesus. E, como os apóstolos cumpriam a missão de ensinar no templo, parecia confirmar esse significado. Uma nova forma de culto é inserida na prática de oração dos cristãos: a celebração eucarística como festejo em torno do partir o pão (At 2,42.46; 20,7-2). Assim, em referência à ceia pascal, os Evangelhos apresentam a partilha em todas as multiplicações dos pães, como em Mc 6,41: "tomando os cinco pães e os dois peixes, elevou ele os olhos ao céu, abençoou, partiu os pães e deu-os aos discípulos para que lhos distribuíssem"; assim como em Jo 6,12: "quando se saciaram, disse Jesus a seus discípulos: 'Recolhei os pedaços que sobraram para que nada se perca'". Vê-se, então, a clareza do simbolismo.[2]

Em segundo, identifica-se a realização do espírito de comunhão entre os cristãos e o desprendimento dos bens (com Bartolomeu, At 4,36s, e Ananias e Safira, At 5,1-11). A tentativa de Lucas é descrever o espírito de comunhão que reinava entre os cristãos e alimentar a força desse ideal, como uma meta a ser considerada e alcançada. A pretensão de Lucas, com isso, não é descrever a prática de um grupo seleto, como se tivesse assumido a pobreza, mas acentuar a prática da pobreza para todos os discípulos de Jesus, como ideal de vida cristã, a exemplo de Jesus pobre.[3] Dessa forma, o cristão pode se aproximar desse ideal e construir uma Igreja segundo os traços do Salvador.[4]

---

[2] *Ibid.*, p. 322.

[3] Lc 11,41; 12,33; 18,22; 19,8.

[4] Cf. CROATTO, J. S. *História da Salvação*, p. 322-323.

Em terceiro, como relatado em Atos 5,12-16, a Igreja, na pessoa dos apóstolos, atua com poder, como sinal autêntico do Reino e de Jesus. Aqui, novamente, a Igreja aparece como a continuadora da ação salvadora de Jesus Cristo.[5] A Igreja vai se expandindo e conformando-se ao desígnio de Jesus: "louvavam a Deus e gozavam da simpatia de todo o povo. E o Senhor acrescentava cada dia ao seu número os que seriam salvos" (At 2,47); "e a palavra de Deus crescia. O número dos discípulos multiplicava-se enormemente em Jerusalém, e considerável grupo de sacerdotes obedecia à fé" (At 6,7).

Esse crescimento da Igreja nascente é regido pela dinâmica do Espírito de Deus. Atos, nesse sentido, apresenta a Igreja como exemplo de comunidade para todo o sempre. Se ela dá continuidade à ação salvadora de Deus, e isso é afirmado pelo testemunho dos apóstolos, não poderá ser de outra maneira. A vida da Igreja como vida no Espírito está, particularmente, descrita em Lucas, Atos e Paulo: no primeiro, sublinha-se o papel do Espírito como irradiação universal de salvação; no segundo, o Espírito de Jesus, como princípio de amor e unidade entre os homens e com Deus; no terceiro, o Espírito, como princípio pessoal da comunhão da Igreja, entre seus membros e com o Pai.[6]

O Espírito sustenta a Igreja e sua missão. Releva-se como protagonista da comunidade nascente, enviada a evangelizar e acolher os pobres.[7] Como relata At 1,8: "mas recebereis uma força, a do Espírito Santo, que descerá sobre vós, e sereis minhas testemunhas em Jerusalém, em toda a Judeia e a Samaria, e até os confins da terra". Como atesta a *Lumen Gentium*, Jesus dá início a Igreja ao anunciar o Reino. Depois de sua morte e ressurreição, envia o Espírito sobre os seus discípulos. A Igreja desenvolve-se pelos dons do seu fundador. Ela recebe a missão de anunciar e promover o Reino a todos

---

[5] *Ibid.*, p. 323ss.

[6] CODA, Piero. O Espírito Santo e o Mistério da Igreja. In: CESCA, Olivo. *A Igreja no seu mistério.* São Paulo: Cidade Nova, 1984, p. 181-182.

[7] Catecismo *da Igreja Católica*. São Paulo: Loyola, 2000, n. 850-753.

os povos. É a Igreja, portanto, o germe e o início do Reino no mundo. Ao crescer, pela ação do Espírito, aspira a consumação do Reino, desejando, com seus dons e suas forças, unir-se a Jesus Cristo, em sua glória.[8]

A missão da Igreja, portanto, está fundada na pessoa de Jesus Cristo. Ele vem para anunciar o Reino, um mundo de justiça e de paz, de solidariedade; assim como para revelar o próprio Deus ao homem e, com isso, seu amor, sua misericórdia; como também, para restaurar todas as coisas, ser sinal de vida, sal e luz, liberdade e compaixão. A Igreja assume como sua essa missão de Jesus. Ela, no Espírito de Deus, tem a missão de ser portadora do amor de Deus a todos os homens, veículo de salvação, instrumento de redenção, promotora do reino e da santificação.[9]

Nesse sentido, é possível afirmar, e legítimo, que a salvação acontece *in Ecclesiam*, porque ela, a Igreja, expressa aquilo que ela é: sinal de íntima união com Deus e com o humano. Nela, manifesta-se a graça vitoriosa de Cristo e, ao mesmo tempo, expande a plenitude divina. É comunidade reunida em nome do Pai e do Filho e do Espírito Santo. Não obstante, é necessário conceber que a Igreja não é fonte de salvação, mas veículo (*per Ecclesiam*). Somente Deus, pela graça de sua gratuidade, em Cristo, na ação do Espírito, confere e é fonte de salvação ao homem.[10]

2. A Igreja como sacramento de Deus na obra de salvação

A existência da Igreja é fruto da atitude fundamental de Jesus: Deus-homem, que veio ao mundo, para anunciar o

[8] PAULO VI. *Lumen Gentium*. Constituição Dogmática sobre a Igreja (21.11.1964). In *Documentos do Concílio Ecumênico Vaticano II*. São Paulo: Paulus, 1997, n. 5.

[9] KLOPPENBURG, Boaventura. *A Eclesiologia do Vaticano II*. Petrópolis: Vozes, 1971, p. 84-85.

[10] BOROBIO, Dionisio (org.). *A Celebração na Igreja - Liturgia e sacramentologia fundamental*. 2. ed. V. 2. São Paulo: Loyola, 2002, p. 111.

Reino e salvar a humanidade. Toda a história de Jesus é marcada na sua condição corpórea, social, política e cultural. Tudo que dele emana constrói a Igreja, que, por ser sinal do próprio Deus, é sacramento de Deus na obra de salvação. Por ser sacramento universal de salvação, a Igreja, na história e na sociedade, revela a vontade de Deus. Assim também, todos os atos fundamentais da Igreja, como oração, celebração etc., dizem daquele que a sustenta, o Espírito de Deus.[11]

É Deus que, por sua iniciativa, constrói uma Igreja-sacramento, porque tudo que nela existe testemunha o Filho, no Espírito, que convoca toda a humanidade a assumir a vida do Salvador, que é Jesus Cristo. A Igreja é proclamadora do Cristo salvador e, com isso, da sua atitude fundamental; ao proclamar Cristo, proclama também a comunidade reunida em seu nome, capaz de viver a mesma atitude fundamental de Cristo.[12]

A Igreja irá comunicar a realidade de Jesus por uma linguagem e atitude próprias da experiência de fé da comunidade dos crentes. Essa comunicação caracterizará a identidade da Igreja. Ainda mais, a comunicação da Igreja se dará por símbolos, gestos, imagens, ritos, práticas e doutrinas, ou seja, tudo aquilo que pode, a partir de uma experiência de fé, comunicar o próprio Cristo: a linguagem simbólica quer revelar o próprio mistério de Deus, acontecido em Jesus Cristo, como ação salvadora de todos os homens.[13] Aqueles que aderem a essa comunicação transformam a própria vida, pois aderem à realidade Jesus e, com isso, à proposta do salvador. Por isso a comunicação do ato salvador de Jesus Cristo é *performativa*, quer dizer, não apenas expressa e afirma uma verdade, mas faz acontecer a realidade própria de salvação do Senhor.[14]

---

[11] WIEDENHOFER, Siegfrid. *Eclesiologia*. In: SCHNEIDER, Theodor (Org.). *Manual de dogmática*. Vol. II. Trad. Ilson Kayser (*et alli*). Petrópolis: Vozes, 2008, p. 84.

[12] MIRANDA, Mário de França. *A salvação de Jesus Cristo*, p. 232.

[13] SCHOUVER, Pierre. *A Igreja e a Missão*. São Paulo: Paulinas, 1977, p. 74.

[14] MIRANDA, Mário de França. *A salvação de Jesus Cristo*, p. 233.

A Igreja é sacramento de Deus, sacramento universal de salvação. Como afirma a *Lumen Gentium*,[15] Cristo é a luz dos povos, e sua luz, ao refletir na face da Igreja, ilumina todos os povos. Por isso ela, a Igreja, é sacramento universal de salvação,[16] sinal real de Cristo, instrumento da união íntima entre Deus e o homem. Não obstante, ela é não somente instrumento, mas, propriamente, comunhão íntima com Cristo.[17] Ele, ao ressuscitar, atrai para si todos os homens e envia os apóstolos em missão para constituir uma comunidade, que é Igreja. Nesse sentido, afirma a *Gaudium et Spes* que a Igreja, ao ajudar o mundo e dele receber muitas coisas, tem a finalidade de anunciar a chegada do Reino de Deus e o dom de salvação a toda a humanidade. Ela é sacramento de salvação porque manifesta constantemente o mistério do amor de Deus pelos homens.[18]

Da mesma forma, afirma o documento conciliar *Ad Gentes* que a Igreja é enviada por Deus a todos os povos, o que implica ser ela sacramento universal de salvação. Incansavelmente, ela procura anunciar o Evangelho à humanidade.[19] Cabe a ela ser testemunha do Evangelho, pois no seu coração reside Jesus Cristo vivo e atuante. Por ser serviço pleno para a humanidade, ela é sacramento, ou seja, sinal real e visível de salvação. Ela não existe em função de si mesma, mas por causa do anúncio do Reino: é sinal que não somente aponta para o Reino, a ser alcançado em plenitude, mas também faz o Reino ser uma realidade atual.[20] Ela é missionária, o que a faz ser sacramento universal de salvação, pois

---

[15] PAULO VI. *Lumen Gentium*, n. 1.

[16] *Ibid.*, n. 48.

[17] SCHOUVER, Pierre. *A Igreja e a Missão*, p. 90.

[18] PAULO VI. *Gaudium et Spes*. Constituição Pastoral sobre a Igreja no mundo de hoje (07.09.1965). In: *Vaticano II:* Mensagens, discursos, Documentos. São Paulo: Paulinas, 1998, n. 45.

[19] *Id. Ad gentes*. Decreto sobre a atividade missionária da Igreja (07.12.1965). In: *Vaticano II:* Mensagens, discursos, Documentos. São Paulo: Paulinas, 1998, n. 1.

[20] MIRANDA, Mário de França. *A salvação de Jesus Cristo*, p. 233.

não poderia cumprir a sua missão se assim não fosse: capaz de ir ao encontro de todos e anunciar a Boa-nova.[21]

E para a Igreja exprimir o seu mistério e sua missão, unida a Cristo, pelo Pai, no Espírito, o Concílio Vaticano II utilizou a imagem do corpo (no sentido da teologia paulina): esse corpo é constituído por seus membros, o que revela a diversidade dos dons, em que Cristo é a cabeça. A diversidade se prescreve em uma unidade. Esse corpo é dinâmico e harmonioso; Cristo, com seu Espírito, sustenta esta realidade sacramental. Enquanto corpo de Cristo, a Igreja é sacramento porque exala a benevolência de Deus para a humanidade.[22] De acordo com o Concílio Vaticano II, a Igreja é visível e espiritual. É visível porque se constitui como uma sociedade organizada, enraizada na história; espiritual porque transcende a sua condição histórica, no tempo, e alcança Cristo, em Deus, no Espírito.

Há também de considerar três aspectos fundamentais que comportam a sacramentalidade da Igreja: a redenção, a criação e a consumação. A primeira consiste no seguimento da protoimagem da salvação divina, da forma como ela se concretizou na história; a segunda, na ação social do homem, em uma atitude de liberdade, ao adquirir nova presença histórica e social; a terceira, na abertura do homem à chegada definitiva de Deus ao mundo e à história.[23]

3. Vivência litúrgica e sacramental como chamado à salvação

A liturgia é o exercício da função sacerdotal de Cristo. Com sua linguagem simbólica, produzida por meio de sinais, realiza a santificação dos homens e das mulheres. Todas as

---

[21] SCHOUVER, Pierre. *A Igreja e a Missão*, p. 75.

[22] SATTLER, Dorothea; SCHNEIDER, Theodor. Doutrina sobre Deus. In: SCHNEIDER, Theodor (Org.). *Manual de dogmática*. Vol. I. Trad. Ilson Kayser (*et alli*). Petrópolis: Vozes, 2000, p. 91.

[23] SCHOUVER, Pierre. *A Igreja e a Missão*, p. 95.

vezes em que realizamos uma celebração litúrgica, estamos agindo de forma sagrada, por excelência. A vivência litúrgica proporciona a imersão no mistério de salvação de Jesus, acontecido uma vez por todas e para toda a humanidade. Pela graça sacramental, Deus continua a salvar o seu povo. A Igreja, ao celebrar os mistérios de Jesus, na sua prática celebrativo-sacramental,[24] atualiza este dom de salvação em Jesus Cristo, pelo Espírito. Ora, Cristo é o "sacramento original" que torna visível o amor de Deus pela humanidade;[25] Ele é, verdadeiramente, o sacramento de Deus. Assim, toda a ação sacramental da Igreja deve ser entendida n'Ele e a partir d'Ele.

O ponto de partida para a celebração do mistério central de Jesus é a fé. Ela aproxima o homem do mistério de salvação de Deus, operado plenamente em Cristo. Na celebração desse evento, Deus vai ao encontro do homem, e este se direciona a Ele. Esse encontro com Deus possibilita a imersão do homem na vida de Cristo. Assim, pela resposta de fé do homem, o mistério pascal, para se realizar em sua vida, é o verdadeiro querigma, a proclamação do ato salvador de Cristo Jesus.[26]

Ora, na celebração, atualiza-se o mistério da criação, indicando tudo o que foi criado por Deus, em seu Filho; e tudo é recriado por Ele pela ação do Espírito. Atualiza-se, também, o mistério da Trindade em sua economia de salvação, fortalecendo nossa fé que tudo procede de Deus, que cumpre os seus planos pelo ato salvador de Cristo, em sua morte e ressurreição, e que continua a realizá-los em nós, pela ação do Espírito. Com isso, afirma-se que a celebração dos mistérios de Deus contempla a Trindade, em toda a sua realidade

---

[24] PAULO VI. *Sacrosanctum Concilium.* Constituição Dogmática sobre a Sagrada Liturgia (04.12.1963). In: *Documentos do Concílio Ecumênico Vaticano II.* São Paulo: Paulus, 1997, n. 7.

[25] BOROBIO, Dionisio (Org.). *A Celebração na Igreja - Liturgia e sacramentologia fundamental.* V 1. São Paulo: Loyola, 1993, p. 298.

[26] CROATTO, J. S. *História da Salvação,* p. 372.

e mistério, pois tudo vem de Deus, por Cristo, no Espírito e, por meio da celebração, tudo volta para Deus, em seu Filho, na ação do Espírito. O mistério trinitário, celebrado, conduz à sua centralidade: o mistério pascal, por isso toca no profundo do mistério de salvação, em que a liturgia e os sacramentos são partes integrantes da história da salvação. Assim como a liturgia presentifica (torna presente) a graça divina salvadora, os sacramentos são a aplicação do encontro salvador de graça entre Deus e o homem por meio da história. Por isso, a graça do sacramento implica a imersão e a participação da própria graça salvadora de Deus e de Cristo. A graça sacramental é cristológica, porque procede de Cristo e porque é significada pelos símbolos plenos da novidade salvadora de Cristo.[27]

Afirma a *Sacrosanctum Concilium* que a obra de salvação, continuada pela Igreja, realiza-se na liturgia. Pois Cristo, como enviado do Pai, também enviou os seus apóstolos a fim de anunciarem o Evangelho e realizarem, por meio dos sacrifícios e sacramentos, sua obra de salvação.[28]

Nessa perspectiva, a vivência sacramental evoca a celebração da páscoa do Senhor: em toda celebração, vivenciamos a sua páscoa porque Ele, constantemente, comunica-nos vida e comunhão. Toda a vida de Cristo concentra-se no seu mistério pascal, que é dom de salvação para toda a humanidade.[29] Na páscoa, aglutina-se toda a história de salvação, isto porque a páscoa é: o centro da história de salvação; origem e núcleo da graça; salvação e justificação do homem; fonte da sacramentalidade da Igreja, assim como, dos sacramentos por ela instituídos, que realizam essa salvação. Portanto, a graça dos sacramentos e de toda a sua realidade sacramental tem sua atualização na celebração do mistério

---

[27] BOROBIO, Dionisio. *A Celebração da Igreja – Liturgia e Sacramentologia Fundamental* (I), p. 391-392.

[28] *Sacrosanctum Concilium*, n. 6.

[29] JUNIOR, Joviano de Lima. *Celebrar com o coração e a vida:* a liturgia do povo de Deus. São Paulo: Paulinas, 1984, p. 83.

pascal de Cristo, motor que impulsiona a Igreja continuar sua missão de ser portadora de salvação para a humanidade, que é a missão de Jesus.

A graça pascal, realizada em Jesus, no Espírito, é a graça da liberdade, uma vez dada por Jesus para a libertação do homem: do pecado, da morte, da injustiça, das paixões etc. A graça sacramental atualiza este dom de liberdade para o homem e transforma-o em sinal concreto, existencial: a libertação de Cristo, como memória a ser atualizada, presentifica-se no cristão, impulsionando-o ao compromisso de testemunhar Deus.[30]

O sacramento está revestido do mistério pascal de Jesus, assim como de uma realidade pneumatológica, isto é, o Espírito é o próprio dom pascal de Cristo, seu oferecimento total. Nos sacramentos, a atuação do Espírito deve ser compreendida como *imediaticidade mediada de Cristo*, o que provoca a experiência com o seu mistério pascal. Cristo não somente se revela pelo Espírito, mas sua forma de atuar é o Espírito. O Espírito do sacramento é o Espírito de Cristo.

A Igreja desde sempre acreditou que o Espírito, na sua ação peculiar, é origem, princípio e finalizador, causa de eficácia e princípio de transformação, doador e dom do sacramento. A epiclese (invocação ao Espírito Santo) traduz esse qualificativo do Espírito, como dom de Deus para a celebração do mistério pascal de Cristo. Na Igreja, os sacramentos são autodoação da graça de Deus para a comunidade de fé. Nela, os sacramentos são celebrados por excelência e, com isso, o dom de salvação para a humanidade. Ao celebrar o dom de salvação, pelo sacramento, a Igreja se santifica, assim como se torna dom de salvação para o homem. É, pois, a ação litúrgico-sacramental, o ato solene de vivência e a celebração da ação salvadora de Deus, por Cristo, no Espírito. Portanto, na celebração litúrgica, Jesus realiza sua ação

---

[30] BOROBIO, Dionisio. *A Celebração da Igreja – Liturgia e Sacramentologia Fundamental* (I), p. 393ss.

redentora, anuncia o Pai e o seu Reino, insere-nos no seu mistério de morte e ressurreição e nos comunica uma nova vida. Ao participarmos do mistério de Cristo, inserimo-nos em sua realidade salvadora.[31]

Jesus está presente em toda a ação litúrgico-sacramental realizada pela Igreja, a fim de santificar e de salvar o homem. Assim Ele se revela no sacrifício da missa, nos sacramentos, na sua palavra, na salmodia, em toda ação celebrativa. Nessa ação, em que Deus é glorificado e o homem santificado, acentua a *Sacrosanctum Concilium* que Jesus associa a si a Igreja, que é a sua esposa; ela, em sua ação celebrativa, invoca o Senhor e por Ele presta culto de louvor ao Pai.[32]

4. A amplitude da ação salvadora de Deus no Concílio Vaticano II

O Concílio Vaticano II buscou refletir sobre a questão soteriológica e sua amplitude além do recinto Católico. Alguns avanços foram alcançados, embora mantida sua teologia eclesiológica fundamental. Segundo a *Lumen Gentium*, a Igreja de Cristo reside na Igreja Católica.[33] No entanto, ainda que mantenha visível a Igreja de Cristo, reconhece que não esgota o seu mistério. Por isso reconhece a ação salvadora de Deus em outras Igrejas cristãs. Ação esta que roga pela constituição de um só rebanho sob um único pastor. Os não-cristãos, por diversos modos, estão ordenados ao Povo de Deus. Pois eles, mesmo ao ignorarem o Evangelho de Cristo e sua Igreja (mas praticam uma reta ação, por buscarem a verdade no interior do próprio coração), estão aptos à salvação de Cristo.[34] Por isso o Concílio Vaticano II foi considerado como o Concílio do otimismo soteriológico.[35]

---

[31] LUTZ, Gregório. *Liturgia:* a família de Deus em festa. São Paulo: Paulinas, 1978, p. 22.
[32] *Sacrosanctum Concilium*, n. 7.
[33] *Lumen Gentium*, n. 8.
[34] *Ibid.*, n. 15-16.
[35] MIRANDA, Mário de França. *A salvação de Jesus Cristo:* a doutrina da graça, p. 202.

Nessa mesma perspectiva, a *Gaudium et spes* afirma, mais explicitamente, ser Cristo o centro e realização de toda existência humana. Porém a ação salvadora de Deus não está limitada aos cristãos, por destinar-se a todo homem de boa vontade, pois o Espírito Santo possibilita que todos participem do mistério pascal de Cristo.[36] O Concílio, então, procurou abrir-se para as demais tradições religiosas, por reconhecer: seus elementos bons e verdadeiros;[37] sua verdade e graça; seus ritos e suas culturas; suas riquezas do Verbo ocultas;[38] sua verdade iluminadora.[39]

A declaração *Nostra Aetate* reconhece que as várias religiões, procuradas pelos homens, dão auxílio a seus enigmas, particularmente àqueles que tocam a condição humana. E de nenhuma maneira a religião católica rejeita os valores que as diversas religiões apresentam, mesmo não comungando das suas verdades.[40] Na *Redemptor hominis*, João Paulo II reconhece a ação do Espírito Santo nas outras religiões;[41] na *Dominum et vivificantem*, a ação do Espírito além do cristianismo;[42] na *Redemptoris missio*, a ação do Espírito além dos indivíduos: nas sociedades, culturas e religiões.[43] Toda essa tentativa é reconhecer a ação do Espírito além da realidade eclesiológica e, com isso, afirmar sua gratuidade e, ao mesmo tempo, sua inesgotável verdade e ação.[44]

---

[36] *Gaudium et Spes*, n. 22.

[37] *Lumen Gentium*, n. 8.

[38] *Ad gentes*, n. 9-11.

[39] PAULO VI. *Nostra Aetate*. Declaração sobre a relação da Igreja com as religiões não cristãs (28.10.1965). In: *Vaticano II:* Mensagens, discursos, Documentos. São Paulo: Paulinas, 1998, n. 2.

[40] *Ibid.*, n. 1-2.

[41] JOÃO PAULO II. *Redemptor hominis*. Carta encíclica (04.03.1979), n. 6. Disponível em: <http://www.ansiao.net/red-hominis.html>. Acesso em: 20/09/2010.

[42] *Id. Dominum et vivificantem*. Carta encíclica sobre o Espírito Santo na vida da Igreja e do mundo (18.05.1986), n. 28. Disponível em: http://www.ansiao.net/red-hominis.html. Acesso em: 20/09/2010.

[43] *Id. Redemptoris missio*. Carta encíclica sobre a Validade permanente do Mandado Missionário (07.12.1990), n. 28. Disponível em: <http://www.vatican.va/holy_father/index.htm>. Acesso em: 20/09/ 2010.

[44] MIRANDA, Mário de França. *A salvação de Jesus Cristo:* a doutrina da graça, p. 203-204.

Ora, se a salvação do homem se encontra em Deus, só poderá ser Ele a última instância de tal mistério; para ele, todo anseio de salvação deverá ser dirigido. Não pode haver, nesse sentido, qualquer exclusivismo religioso ou denominação religiosa.[45] Nesse horizonte, pessoas que aderem a outras religiões podem, com propriedade, atingir a felicidade em Deus e usufruir do amor que dele emana. Não há, pois, como restringir a ação salvadora de Deus, em Cristo, pelo Espírito. Ao contrário, os vários contextos sociais, religiosos e éticos podem ser lugares da ação do Espírito de Deus. Por isso, há variadas formas de entender e reconhecer a atitude fundamental de Cristo e sua implicância.

Para os cristãos, essa atitude é o amor (ágape). Ele conduz o homem a Deus e ao próximo. Por sua vez, o amor, que é dom do Espírito, somente é vivenciado em um contexto histórico-social-religioso. Ele não é ato concreto, mas motivador. Ora, esse amor para os cristãos consiste na prática do bem, porque exala sua fonte: o Espírito. Assim, toda ação proveniente da prática do bem é via de salvação. E como essa prática acontece nos seus respectivos contextos, há de assegurar sua ampla diversidade. Portanto as várias concretizações da mesma atividade fundamental não constituem obstáculo para a ação do Espírito Santo.

Essa nova concepção de uma teologia soteriológica, concebida pelo Concílio Vaticano II, tem implicação direta na atividade missionária (tradicional) da Igreja. Se antes a Igreja falava da novidade da salvação, desconhecida pelos povos, assim como da ausência dela nesses povos, agora reconhece a ação do Espírito como antecedente do conteúdo missionário. Não há um anúncio totalmente novo, mas um conteúdo (da salvação) já radicado no coração das pessoas. Não obstante, a salvação cristã só poderá alcançar sua plena realização se reconhecido e celebrado Jesus como dom de salvação, em Deus, no Espírito.[46]

---

[45] *Ibid.*, p. 207ss.

[46] MIRANDA, Mário de França. *A salvação de Jesus Cristo:* a doutrina da graça, p. 211.

Não há dúvida de que a discussão sobre a ação salvadora de Deus, por constituir o cerne de toda religião (embora às vezes com outra linguagem), compõe um instrumento sadio e necessário de comunhão entre as mais variadas Igrejas cristãs e não cristãs. Acende aqui o desejo pelo ecumenismo e pelo diálogo inter-religioso. Como reza a *Lumen Gentium*, a Igreja está unida com todos os batizados, mesmo com aqueles que não professam integralmente a fé católica; aos não cristãos reconhece a graça da salvação para aqueles que reconhecem Deus como criador ou para aqueles que não reconhecem a verdade de Deus. Pois a salvação é um dom para todos.[47]

O ponto de partida para o ecumenismo pode constituir-se daquilo que une as várias Igrejas, do que é comum entre elas, para depois se dirigir e lançar pontes àquilo que as separa, o que é incomum.[48] Ora, a discussão sobre a ação salvadora de Deus é, talvez, o que mais de comum existe entre as religiões cristãs, pois a crença no Deus salvador une os vários tratados teológicos e as doutrinas. O diálogo inter-religioso pode brotar da autoconsciência da Igreja e, com isso, da purificação e universalização do seu pensamento, ao aceitar a pluralidade do mundo histórico. As religiões, sustentadas pelo seu conteúdo de fé e moral, podem contribuir, e muito, para um mundo de paz, justiça, fraternidade, gratidão e amor entre os homens. Por isso também o diálogo inter-religioso faz parte do discurso sobre a salvação de Deus.[49]

---

[47] Cf. *Lumen Gentium*, n. 15-16.

[48] LIBANIO, João Batista. *Eu creio, nós cremos – Tratado da Fé.* São Paulo: Loyola, 2000, p. 157.

[49] MIRANDA, Mário de França. *A salvação de Jesus Cristo:* a doutrina da graça, p. 211.

4

SOTERIOLOGIA: O ESTUDO DA SALVAÇÃO NO PERCURSO DA HISTÓRIA

O projeto de salvação de Deus foi realizado, plenamente, em Jesus Cristo, pela ação do Espírito. As narrativas do Novo Testamento comprovam essa verdade, como já anunciadas em textos veterotestamentários. Cristo, ao revelar o Pai, revelou a si mesmo, como aquele enviado de Deus para redimir e salvar o homem. As primeiras comunidades cristãs, cheias do Espírito de Deus, celebravam o mistério da páscoa, acontecido uma vez por todas: Cristo ressuscitou! Nessa verdade, cresceu e se multiplicou o movimento cristão, que logo iria se difundir pelo mundo.

Sua difusão, porém, não se realizou de maneira pacífica, ao contrário, enfrentou notórias dificuldades, advindas do contexto sociopolítico, cultural e religioso da época. O cristianismo surgiu com uma força imensurável, que só poderia vir e ser sustentada pelo Espírito de Deus. Não poucos os problemas de ordem institucional, o cristianismo viveu uma tensão intelectual, e não poderia ser diferente. Os primeiros grandes teólogos cristãos deste tempo tiveram de, muitas vezes, enfrentar e anunciar uma (nova) doutrina a partir de um argumento racional, sistemático, de grande *corpus* teológico. E tal foi a jornada dos chamados Padres apostólicos e apologistas e de vários outros intelectuais da Igreja que se empenharam nesse ofício. O cristianismo precisava ser entendido por aqueles não somente adeptos à proposta cristã, mas, particularmente, por seus adversários.

O presente capítulo buscará apresentar esse esforço e concentrará seu foco no discurso sobre a salvação de Deus, na história: a soteriologia no primeiro e no segundo milênios.

1. Padres apostólicos e apologistas

Cristo cumpriu a sua missão de anunciar o Reino de Deus à humanidade. Isso lhe custou uma condenação violenta, a morte de cruz, mas superada com a sua ressurreição. A Igreja nascente, seguidora de seus gestos e suas palavras, não se preocupa, imediatamente, em registrar seus discursos por escrito, oralmente transmitidos, até porque está na presença das testemunhas oculares de Cristo. Mas, não muito tempo depois, busca sistematizar os seus ensinamentos. Surge, então, a literatura cristã, com a finalidade de alimentar e orientar as pessoas na fé, na formação das comunidades; ela nasce do desejo de se registrar as "memórias" do Senhor.[1]

Fundamentalmente, é no final do século I, estendendo-se até meados do século II, que o discurso cristão recebe grande conteúdo teológico, considerado como o período das primeiras gerações dos "Padres apostólicos" e "apologistas". Alguns são bispos e outros, responsáveis por escolas catequéticas. A primeira literatura desse tempo (da Patrística) é de caráter *pastoral* e *litúrgico*: são cartas endereçadas às comunidades cristãs, como a de Clemente de Roma (ca35-100),[2] Inácio de Antioquia (ca35-ca98-107) e Policarpo

[1] FIGUEIREDO, Fernando Antonio. *Introdução à Patrística*: vida, obras e doutrina cristã nos primeiros anos da Igreja. Petrópolis: Vozes, 2009, p. 15.

[2] Ca: abreviação de "*circa*", advérbio latino que significa "aproximadamente", "por volta de".

de Esmirna (ca69-ca155); são também homilias, como a *II Epístola de Clemente* – aos *Coríntios* (ca140-160); também, relatos de martírio, como o *Martírio de policarpo*; ainda, documentos catequéticos, como a *Didaqué* (ca60-90); e orientações sobre a necessidade da penitência, como *O Pastor* (ca88-97), de Hermas. Todos são relatos da vida das primeiras comunidades cristãs, particularmente sobre a sua fé, suas dificuldades, seus conflitos, suas instituições e sua liturgia.[3]

Esses documentos tinham como finalidade, unicamente, manter a boa ordem e a unidade das comunidades, de chamar à conversão aqueles que não honravam com o compromisso cristão. Em geral, são obras curtas nascidas de um contexto particular. Nesse tempo, os autores não se apoiavam no que depois viria a se chamar de o *Novo Testamento*. Para eles, a Sagrada Escritura consistia no Antigo Testamento. Pareciam conhecer algumas cartas de Paulo; também, os Evangelhos, mas não os citavam. Contudo, herdaram o princípio da exegese, apostólico e judeu-cristão, que reconhecia, no Antigo Testamento, a profecia de Jesus Cristo. Embora pobre e limitada, essa literatura revelou a audácia e consciência de homens que se reconheciam já não serem mais apóstolos.

De meados do século II em diante, a literatura *pastoral* e *litúrgica* cedeu lugar à literatura *apologética*, em defesa da fé cristã. Primeiramente, buscou-se combater os adversários externos, judeus e pagãos; depois, os adversários internos, no interior da Igreja, os heréticos. O *Diálogo com Trifão*, de Justino[4] (100-165), ilustrou o discurso aos judeus. O debate expôs duas interpretações da Escritura: dos cristãos, que atestaram Jesus como o messias enviado do Pai; dos judeus, que esperaram ainda o messias, glorioso, não reconhecido no Jesus de Nazaré, crucificado e morto em uma cruz. Justino, nesse sentido, buscou uma relação entre o Antigo e o

---

[3] SESBOÜE, Bernard e WOLINSKI, Joseph. *História dos dogmas - O Deus da salvação* (séculos I - VIII). Vol. 1. Trad. Marcos Bagno. São Paulo: Loyola, 2005, p. 42ss.

[4] DE ROMA, Justino. *I e II Apologias – diálogo com Trifão*. São Paulo: Paulus, 1995. (Coleção Patrística).

Novo Testamentos. Ainda mais veraz, todavia, foi o combate aos pagãos. Eles representavam grande perigo às comunidades cristãs: constantemente, ridicularizavam e caluniavam a fé e as diversas práticas dos cristãos. Justino, então, dirigiu-se às mais altas autoridades do império, a fim de defender a fé cristã, utilizando-se dos recursos da razão, como foi o caso do seu discurso ao Imperador Antonio, o Piedoso: a ele, dirigiu sua apologia, recheada de termos filosóficos, na tentativa de apresentar-lhe a fé cristã.[5] Em resposta à acusação de ateísmo, indagou que os cristãos são ateus de pretensos deuses, mas não do Deus da verdade, da justiça, da sabedoria e de todas as virtudes, sem qualquer mácula. Depois, Tarciano (ca120-ca180), discípulo de Justino, escreveu o *Discurso aos gregos* (ca170-172); Atenágoras de Atenas (ca133-190), a *Súplica acerca dos cristãos*, endereçada a Marco Aurélio e a seu filho Cômodo. Merece destaque *A carta a Diogneto*[6] (ca120), de autor desconhecido, apologia escrita nos últimos anos do século II. Neste escrito, os cristãos são definidos como aqueles que são de carne, mas que não vivem da carne; que vivem na terra, mas são cidadãos do céu; que vivem na alegria, mesmo castigados.[7]

No interior da Igreja, por sua vez, havia um problema a ser enfrentado: o gnosticismo, reconhecido como a primeira heresia contra a fé cristã. O gnosticismo é a doutrina que afirma ser o conhecimento superior, a chave para a compreensão dos mistérios de Deus, possibilidade tal reservada a poucos.[8] Com o *Livro contra todas as heresias* e outro *Contra Marcião*, Justino buscou combater o gnosticismo. O enfrentamento teve um tom polêmico e de exclusão, pois a discussão versava sobre a identidade cristã. Merece ainda maior destaque a obra de Irineu de Lião (130-202) *Des-*

---

[5] FIGUEIREDO, Fernando Antonio. *Introdução à Patrística*, p. 62.

[6] A CARTA a Diogneto. Petrópolis: Vozes, 1976.

[7] SESBOÜÉ, Bernard; Wolinski, Joseph. *História dos dogmas - O Deus da salvação*, p. 44-45.

[8] FIGUEIREDO, Fernando Antonio. *Introdução à Patrística*, p. 158.

mascaramento e refutação da falsa gnose, mais conhecida como *Contra as heresias*.[9] Na obra, Irineu preocupou-se, em primeiro, expor a doutrina dos seus adversários; pela razão, refutou-os, mostrando suas constantes contradições; ainda, pela Sagrada Escritura, mostrou-lhes suas imprecisões e erros. Assim, Irineu desenvolveu uma eloquente argumentação e em uma perspectiva dogmática acerca da fé.[10]

A partir de Irineu, no século III, começaram a surgir estudos sistemáticos sobre a revelação, que iriam marcar as escolas de Alexandria, com Clemente de Alexandria (150-215) e Orígenes (185-254), e a de Antioquia, com Luciano de Antioquia (ca240-312), Diodoro de Tarso (†384), João Crisóstomo (347-407), Teodoro de Mopsuéstia (350-428) e Teodoreto de Ciro (ca393-460).[11] Nesse período, aconteceu o Concílio de Niceia, em 325, em razão dos grandes debates teológicos sobre, fundamentalmente, a natureza de Deus. Ao retomar as Escrituras, o Concílio tratou da relação do Pai e do Filho, agora não somente em uma perspectiva histórico-salvadora, mas da essência: há um só Senhor Jesus Cristo, Filho de Deus, gerado do Pai, de sua mesma substância; Aquele que se encarnou, sofreu e ressuscitou no terceiro dia. Assim, foi rejeitada toda diminuição ou subordinação do Filho em relação ao Pai.[12] Após ao Concílio de Niceia, grandes obras foram escritas, não mais na forma de um discurso ou perspectiva teórica, mas com base em leis próprias da literatura. Destacam-se, então, São Jerônimo, com sua obra *De viris Illustribus*, e Santo Agostinho, com *Confissões*.

Nesse período houve as grandes exposições da fé católica, no Oriente e no Ocidente. Destacam-se no Oriente Santo Atanásio (ca296-373), em sua defesa sobre o dogma

[9] IRINEU, Santo. *Contra as heresias*: denúncia e refutação da falsa gnose. São Paulo: Paulus, 1995.

[10] SESBOÜÉ, Bernard; Wolinski, Joseph. *História dos dogmas - O Deus da salvação*, p. 46-47.

[11] FIGUEIREDO, Fernando Antonio. *Introdução à Patrística*, p. 16.

[12] KESSLER, Hans. *Cristologia*, p. 306.

cristológico, São Basílio Magno (ca330-379), São Gregório de Nazianzo (ca329-390) e São Gregório de Nissa (ca335-395), que conduziram a Igreja ao I Concílio Ecumênico de Constantinopla, 381. Esse Concílio deu um esclarecimento conceitual muito importante, em razão do problema ainda deixado no Concílio de Niceia, sobre a substância na doutrina da Trindade. Foi declarado – como reproduzido no Sínodo Romano, em 382 – que havia uma única substância divina em três expressões concretas; que Deus é trinitário em sua atuação e em sua única profundeza substancial divina.[13] Destacam-se ainda no Oriente São Cirilo de Alexandria (375-444) e São João Damasceno (675-749). No Ocidente destacam-se, depois de Tertuliano (ca160-220) – para quem Cristo em sua obra restabelece a ordem perturbada pelo pecado e, por conseguinte, redime o homem ao estado anterior ao pecado (teologia esta de grande relevância soteriológica)[14] –, São Cipriano (†304), que escreve sobre a unidade da Igreja; Santo Ambrósio de Milão (ca340-397); São Jerônimo (347-420); Santo Agostinho (354-430); e São Leão Magno (400-461). Nos séculos V e VI, com as constantes ameaças dos bárbaros, buscou-se, nos escritos teológicos, conservar a Tradição recebida. Houve o desenvolvimento da vida monacal, bem como o aparecimento de grandes missionários, como São Columbano (ca540-615), São Bonifácio (ca672-754), São Gregório Magno (540-604), São Isidoro de Sevilha (ca560-636) e São Beda, o Venerável (ca673-735).[15]

A era dos padres apostólicos e apologistas, com suas primeiras grandes discussões teológicas, demonstrou a tentativa de a Igreja nascente demonstrar a *regra* e o *corpus* da fé cristã, embora ainda em desenvolvimento e maturação. Os documentos versavam sobre a ortodoxia e a heterodoxia, características próprias dessa época. Todos esses documen-

---

[13] *Ibid.*, 309.

[14] *Ibid.*, p. 300.

[15] FIGUEIREDO, Fernando Antonio. *Introdução à Patrística*, p. 17.

tos, com seus vários gêneros literários, expressavam genuinamente a mensagem cristã. Neles é possível encontrar os principais artigos da fé.[16]

Busca-se, agora, apresentar como a soteriologia – o discurso sobre o mistério da salvação em Deus – foi tratada tanto no primeiro quanto no segundo milênios, suas principais características, seus problemas e suas tendências teológicas.

2. A soteriologia no primeiro milênio

A história do dogma cristológico – que Cristo, o Filho unigênito do Pai, prometido pelos profetas, encarnou-se e cumpriu as promessas daquele que o enviou e, assim, foi crucificado, morto e ressurgido dos mortos – concentra-se na soteriologia, isto é, na ação salvadora de Deus, por Jesus Cristo, no Espírito. Os escritos vêm mostrar em que condições Jesus Cristo é verdadeiramente o salvador da humanidade e como ele exerceu a mediação atestada pelas Escrituras. Fundamentalmente, a divinização do homem, realizada em Cristo – em sua natureza humana e divina –, ditou a reflexão e o desenvolvimento do dogma cristológico.

Nesse horizonte, os dados da salvação e da redenção, radicados na libertação dos pecados e na participação filial da vida em Deus, estavam impressos no mistério cristão. A soteriologia se exprime nas teologias que destacam, nas Escrituras, as diversas constatações de salvação. Nas várias interpretações, referidas à mediação de Cristo, acentua-se, no primeiro milênio, a mediação descendente, de Deus rumo ao homem por Jesus Cristo; no segundo milênio, a mediação ascendente, do homem para Deus, no e pelo sacrifício de Jesus: na primeira interpretação, ocorre a plena divinização

[16] SESBOÜÉ, Bernard; Wolinski, Joseph. *História dos dogmas - O Deus da salvação*, p. 47.

do homem, do Cristo encarnado (e que está associado à *iluminação* e à *redenção*); na segunda, o sacrifício do Filho.[17]

Iluminação. A vinculação entre o *conhecimento de Deus* e a *salvação* é uma ideia acentuada nas Escrituras: "tudo me foi entregue por meu Pai, e ninguém conhece o Filho senão o Pai, e ninguém conhece o Pai se não o Filho e aquele a quem o filho o quiser revelar" (Mt 11,27); "eis o que é bom e aceitável diante de Deus, nosso Salvador, que quer que todos os homens sejam salvos e cheguem ao conhecimento da verdade" (1Tm 2,3-5); "ele era a luz verdadeira que ilumina todo homem; ele vinha ao mundo" (Jo 1,9). Ora, Jesus, em gestos e palavras, é a revelação do Pai. E aqui é possível afirmar que o conhecimento (de Deus) é salvação (em Deus) por que a salvação é conhecimento. Nos Padres apostólicos, essa ideia é viva e salutar.

Para Clemente de Roma, por Cristo, nosso pensamento refloresce à luz. Nesse sentido, Cristo deu ao homem a possibilidade de saborear o conhecimento imortal; para a *Didaché*, Cristo nos traz o conhecimento; para Justino, sua conversão ao Cristianismo é uma iluminação, revelação do Verbo. Sustenta que os catecúmenos devem ser iluminados; os batizados, os novos iluminados, assim subtraídos das trevas e purificados para inserirem-se na "nova raça", de Cristo. Os cristãos são homens renovados;[18] para Irineu, o Cristianismo é a "verdadeira gnose", mas não àquela dos heréticos. A encarnação do Verbo tem a finalidade de fazer o homem conhecer Deus – constantemente, o Verbo de Deus comunica conhecimento de Deus por meio de um número incalculável de revelações[19] –, pois a vida do homem é uma busca constante de ver Deus; para Clemente de Alexandria e Orígenes, os cristãos tiveram o privilégio de conhecer plenamente o Verbo pelo mistério da encarnação.[20]

---

[17] *Ibid.*, p. 385ss.

[18] FIGUEIREDO, Fernando Antonio. *Introdução à Patrística*, p. 78.

[19] KESSLER, Hans. *Cristologia*, p. 298.

[20] SESBOÜÉ, Bernard; Wolinski, Joseph. *História dos dogmas - O Deus da salvação*, p. 386-387.

Contra os gnósticos, Clemente de Alexandria sustenta que o cristão é o verdadeiro gnóstico; gnóstico, então, é o crente perfeito; a gnose consiste na fé perfeita. Ao falar sobre os vários graus de perfeição, afirma que a perfeição cristã pode ser manifestada na piedade, na paciência, na temperança, no trabalho, no martírio ou na gnose. Contudo, só em Cristo todos esses graus podem acontecer simultaneamente, o que é impossível ao humano. Mas o gnóstico poderá atingir um grau máximo de perfeição, em sua vida. Ao conhecer e apoderar-se da lei, poderá transformá-la em verdade viva e vivida. E tal acontece com o mártir. Portanto, a verdadeira gnose só poderá dizer de um cristão perfeito: o gnóstico é um cristão perfeito. Assim, o gnóstico é um sábio e toda a sua vida está inspirada na fé e na caridade, fundamentos da perfeição evangélica.[21]

Redenção e libertação. A soteriologia antiga desenvolve-se no horizonte da redenção e da libertação dos homens, como atestado nas Escrituras. Para os Padres, a vida de Cristo é um constante combate aos seus adversários: para Orígenes, o seu nascimento já demonstra essa realidade dramática; para Irineu, a tentação de Jesus é decisiva nesse combate, já marcado pela vitória. E Cristo atinge o ápice do combate em sua morte na cruz, que, embora dolorosa, vem trazer a sua glória, a ressurreição e ascensão. Irineu é um entusiasta da vitória de Cristo sobre a morte; considera que a encarnação está ordenada tanto para a divinização do homem quanto para a sua redenção. É a encarnação uma novidade, não somente de sua mensagem, mas da presença daquele anunciado, Jesus Cristo. A promessa, tornada presente, tem na encarnação a sua realização plena; Ele tem a missão de promover o crescimento do homem ao seu fim último, em Deus.[22] Sobre a pergunta "por que ele desceu?", responde:

[21] BOEHNER, Philotheus; GILSON, Etienne. *História da filosofia cristã*. Trad. Raimundo Vier. Petrópolis: Vozes, 2017, p. 39-41.

[22] FIGUEIREDO, Fernando Antonio. *Introdução à Patrística*, p. 102.

era preciso que aquele que viria para matar o pecado e resgatar o homem se fizesse igual a este; e, assim como pela desobediência de um só homem muitos foram mortos, também pela obediência de um só homem muitos serão justificados e herdeiros da salvação.[23]

A encarnação, portanto, permite a Jesus Cristo enfrentar o pecado e a morte como pessoa: essa é uma condição para a libertação, em que a salvação é uma obra divina alcançada por um homem. Irineu busca mostrar que essa disputa com o pecado é uma vingança contra o pecado das origens, condicionado pela serpente, e tal é a necessidade de um homem conseguir a vitória, assim como o homem foi derrotado anteriormente. Cristo, ao vencer o pecado, resgata o homem, ao trazer a sua libertação de uma servidão injusta: em Cristo, Deus aprisionou o demônio e destruiu a morte. Ainda que tenha sido atingido injustamente em sua obra, Deus é aquele que age com justiça. Por um lado, Ele quer que *um* homem combata o mal; por outro, que o Verbo não recupere o homem, que foi perdido, por uma violência (como nas origens), mas pela persuasão de um único homem. E essa será a doutrina da Patrística grega até João Damasceno. Particularmente, ela é mais presente em Ambrósio, Agostinho e Gregório Magno.

Nessa perspectiva, do combate e da vitória de Cristo sobre o pecado, vários Padres introduzem uma metáfora do *resgate* de tipo "comercial": o demônio teria libertado a humanidade em troca do sangue de Cristo, derramado na cruz. Essa teoria é defendida primeiramente por Orígenes. A metáfora da troca, porém, acentua que o demônio fora enganado, pois nada recebeu: não obteve a alma de Cristo. Essa teoria se desenvolve no "esquema jurídico do resgate". Pois o pecado do homem leva-o ao poder do demônio. E Deus reconhece esse "direito do demônio". Mas ele, o demônio, é injusto nessa conquista,

[23] SESBOÜÉ, Bernard; Wolinski, Joseph. *História dos dogmas - O Deus da salvação*, p. 387ss.

dada sua tamanha violência. Contudo, o demônio, na paixão de Cristo, ultrapassa todos os limites, ao atacar um inocente. Afirma João Crisóstomo que Cristo não era o culpado de nenhum pecado e não deveria, por isso, ser submetido à morte.

Na interpretação de Santo Agostinho, Cristo é o vencedor do mal pela justiça. Não obstante, sua concepção soteriológica vem comportar vários outros elementos. Ele busca associar a *vitória* à *justiça*, na concepção paulina. Agostinho indaga que, pela justiça de Deus, o humano foi entregue ao demônio, mas não que isso foi ordenado por Ele. Assim também por sua justiça, em Jesus Cristo, deveria vencer o mal. Isso porque Cristo foi crucificado por um mal não praticado. E assim todos foram justificados no sangue de Cristo, como em Rm 5,9-10: "quanto mais, então, agora, justificados por seu sangue, seremos por ele salvos da ira. Pois, se quando éramos inimigos fomos reconciliados com Deus pela morte do seu Filho, muito mais agora, uma vez reconciliados, seremos salvos por sua vida".

A vitória libertadora de Cristo, por justiça, foi maior que a injustiça, que intenta conduzir o homem ao mal; a vitória da justiça é a vitória do justo, a vitória da humanidade do Verbo. A justiça aqui da qual se diz não é uma justiça feita a Deus pelo homem, mas aquela que justifica o homem por Deus. É importante perceber que esta teologia, acerca do demônio, tem muitas variantes e não significa um consenso entre seus representantes. O fato é que nenhum Padre da Igreja considera que o demônio tenha recebido algo em troca em razão da salvação da humanidade. O elemento de verdade nessas concepções teóricas está no fato de Cristo resgatar o homem do pecado, em uma situação de violência e injustiça; e de Ele, o salvador, ter vencido o combate sangrento contra o mal.

A doutrina do sacrifício. O mistério da morte de Cristo é apresentado com plena relevância no Novo Testamento e em uma tônica sacrificial. Ora, Cristo busca distanciar-se dos sacrifícios rituais da Antiga Lei, bem como tenta desvincular seu sofrimento e morte da noção de sacrifício ritual. Mas ocorre que a instituição da Eucaristia tem uma linguagem, como interpretada, sacrificial. Não obstante, é certo que os escritos apresentam Cristo em uma "pró-existência" de um sacrifício existencial e espiritual, e não ritual. Sua vida é um dom de si para Deus e para os outros. A *Epístola aos Hebreus* sustenta essa perspectiva, do sentido sacrificial da morte de Cristo; também *Romanos* e *Efésios*. Por isso a temática do *sacrifício* tenha sido retomada pela Patrística. Sobre isso, os Padres têm a convicção de que: a) Deus não precisa tomar nada de suas criaturas nem as fazer sofrer. O verdadeiro sacrifício do cristão é voltar seu coração ao Criador; b) o sacrifício é um apelo de Deus para o bem do próprio homem. Para Irineu, Deus não necessita de sacrifício, mas o solicita para que o homem não seja estéril e ingrato; c) é próprio do culto cristão o sacrifício espiritual, que é também existencial, exprimido no reconhecimento de Deus e no amor ao próximo. Para Irineu, o único sacrifício, em definitivo, agradável a Deus, é a entrega de Cristo, na cruz; e o único culto exterior do sacrifício está na Eucaristia, em que é celebrado o sacrifício de Cristo – abertura ao mistério do grande amor do Senhor[24] –, o que permite aos cristãos oferecer sua própria vida a Deus. Essas convicções são frequentemente discutidas de Justino a Irineu, de Atanásio a Cirilo de Jerusalém, de Eusébio de Cesareia a Cirilo de Alexandria.[25]

Mas é Santo Agostinho quem mais se apossa dessa perspectiva do *sacrifício*. Para ele, o sacrifício visível encontra-se no sacramento, sinal sagrado do sacrifício invisível. O verdadeiro sacrifício consiste em o homem entrar em comunhão com Deus, ao participar de sua "santa sociedade". É o exercício de amor do homem a Deus. Tal comunhão o levará à felicidade. Assim, comunhão com Deus e felicidade são indissociáveis e só poderão acontecer num gesto de liberdade do homem, de responder ao convite de Deus, ao chamado à comunhão com Ele. O corpo e a alma do homem são compreendidos como sacrifício: o corpo

[24] FIGUEIREDO, Fernando Antonio. *Introdução à Patrística*, p. 98.

[25] SESBOÜÉ, Bernard; Wolinski, Joseph. *História dos dogmas - O Deus da salvação*, p. 392ss.

sinaliza e exprime as intenções da alma; o ato espiritual, por sua vez, consuma-se pela e na ordem corporal. A alma é aquela que gera a relação do homem com Deus e com os outros. O sacrifício é, então, exterior e interior. Mas apenas codifica o que foi o sacrifício de Cristo, único e perfeito: amor total a Deus e aos homens (sacrifício interior) em sua vida e morte (sacrifício exterior). O sacrifício de Cristo é de amor e obediência, em razão da humanidade; e ele está associado ao sacrifício dos homens reunidos na Igreja, pois Ele não oferece o sacrifício sozinho, mas enquanto sumo sacerdote de todos os homens, convidados a ser "assembleia dos santos". O sacrifício de Cristo cabeça oferece todo o corpo eclesial. Nesse sentido, o sacrifício dos cristãos cumpre a função de ser um só corpo em Cristo, em louvor ao Pai. O sacrifício de Cristo é salvador por originar um movimento de conversão a Deus, pelos homens, o que significa a libertação do pecado, do retorno do homem a Deus.

3. A soteriologia no segundo milênio

A base da soteriologia no segundo milênio é lançada, incontestavelmente, por Santo Anselmo de Cantuária (1033-1109). É ele quem primeiro enfrenta o problema da salvação na ótica de uma justiça que o homem deve prestar a Deus em relação ao seu pecado. Nesse horizonte, Anselmo faz um extremo esforço racional, próprio do seu tempo, para justificar o mistério da salvação pelo sacrifício da cruz. Não seria o ato sangrento de Jesus odioso e indigno a Deus? Por que teria Ele de permitir tanto sofrimento a seu Filho? Não teria Deus outros meios para salvar o homem-pecador? São questões como essas que desafiam a razão humana. Ora, Anselmo compreende que o Pai e o Filho agiram por amor à humanidade. Sua morte, a do Filho, é fruto da injustiça humana, mas aceita por Ele, para perseverar na justiça. Ainda que Deus não compactuasse do seu sofrimento, consente, com o Filho, a morte de cruz. Acredita Anselmo, por sua vez, que o perdão de Deus deve exigir do homem uma *reparação*. E é com base nessa *necessidade* que ele construirá seu argumento teológico, dividido em quatro tempos.[26]

No "primeiro tempo", *é necessário que todo pecado seja seguido ou de uma satisfação ou de uma pena*. O pecado – compreendido na perspectiva de "homem ofendido" ou "raptado" (como ideia de roubo) – requer uma reparação que, por sua vez, exige do homem uma restituição completa e, além disso, um "mais" em compensação do prejuízo recebido. Assim, não basta ao homem devolver o que foi tirado, o que é próprio de Deus, mas algo a mais, isto é, devolver mais do que tirou. O termo *satisfação* quer dizer: fazer o que pode para ser absolvido.

No "segundo tempo", *o homem pecador está na impossibilidade radical de satisfazer*, pois nenhuma satisfação seria proporcional, ainda que do menor pecado à majestade ofendida de Deus. O homem, então, por culpa própria, parece não se reerguer sozinho; por isso não poderá alcançar a salvação por si mesmo.

No "terceiro tempo", *a satisfação é necessária à conclusão do desígnio de Deus sobre o homem*. A *necessidade* é tanto por parte do homem, para a sua salvação, quanto por parte da glória de Deus, que requer o homem de acordo com o seu desígnio.

No "quarto tempo", *só um Deus-homem pode cumprir a satisfação que salva o homem*. Por um lado, ainda que o homem seja responsável por *satisfazer*, não poderá cumpri-lo; por outro, ainda que Deus possa *satisfazer*, não caberia fazê-lo no lugar do homem. Então, faz-se necessário que um Deus-homem *satisfaça*.

O raciocínio de Anselmo assim é finalizado com a necessidade de Deus ter se encarnado. Nesse sentido, recupera a tradicional abordagem dos Padres, de uma cristologia no âmbito da salvação. E, com o acento da *satisfação* – que dá ao homem proatividade de uma quitação positiva da dívida –, no discur-

---

[26] *Ibid.*, p. 411ss.

so soteriológico,[27] assenta a necessidade de duas naturezas na pessoa de Jesus Cristo. Contudo, Cristo, sem *mancha*, não está sujeito à morte, mas pode entregar-se a ela em razão da humanidade. Por isso ele tem a capacidade de *satisfazer*: Ele pode oferecer a Deus algo maior do que tudo aquilo que está sob Deus, mas não na qualidade de uma dívida. Assim Anselmo justifica o sofrimento de Cristo, mostrando que o amor foi maior que o pecado. Cristo, na cruz, morreu para dar ao homem a salvação.[28]

Aos poucos, a teologia de Santo Anselmo é disseminada pelos pensadores escolásticos, particularmente sua concepção cristológica e soteriológica. Abelardo (1079-1142) não compactua que a *satisfação* de Jesus tenha sido exigida por Deus. Para ele, isso seria injusto. Considera o sofrimento de Cristo como revelação do profundo amor de Deus, capaz de provocar o amor dos homens e lhes dar o perdão e transformação interior.[29] Já São Bernardo (1090-1153) discorda de Aberlado, ao sublinhar a teoria da *satisfação*. Tomás de Aquino, por sua vez, distancia-se de Abelardo e São Bernardo. Não obstante, retomará a *satisfação* para discorrer sobre a ação salvadora de Cristo. Tomás valoriza expressões como "reparação do gênero humano" ou da "natureza humana", que significa restaurar, reerguer o homem: a condição de recolocá-lo em sua plena humanidade. Ainda, utiliza o termo "libertação do gênero humano", que só poderá ser alcançada caso o homem se converta a Deus.[30]

A libertação, por conseguinte, exige o penitente; a *satisfação* será a expressão dessa penitência. Mas o homem não pode *satisfazer-se*, e Deus não tem o que *satisfazer*. Por isso Cristo assumiu a natureza humana e divina. Embora dê reconhecimento ao argumento de Anselmo, Tomás procura ampliá-lo. Na paixão de Cristo, dá relevância à *satisfação*, que vem representar a virtude de justiça. Direcionada para a justiça, a *satisfação* traz uma compensação pela ofensa feita; e a *satisfação* deve ser

---

[27] KESSLER, Hans. *Cristologia*, p. 325.

[28] SESBOÜÉ, Bernard; Wolinski, Joseph. *História dos dogmas - O Deus da salvação*, p. 413.

[29] KESSLER, Hans. *Cristologia*, p. 327.

[30] SESBOÜÉ, Bernard; Wolinski, Joseph. *História dos dogmas - O Deus da salvação*, p. 415ss.

comportada pelo amor, ato este daquele que suportou, voluntariamente, a morte de cruz, Jesus Cristo. Por amor, a paixão de Cristo foi superabundante. Em sua morte, Cristo assumiu a pena que caberia ao homem. Mas essa pena atingiu apenas o seu corpo. Fundamentalmente, o aspecto eficaz na vida e na paixão de Jesus foi o amor e a obediência a Deus.[31]

Como compreende Tomás, Cristo, por sua justiça e misericórdia, libertou o homem: por justiça, pelo fato de, com a sua paixão, *satisfazer* pelo pecado do gênero humano; por misericórdia, em razão da limitação humana, de não ser capaz, por si só, de *satisfazer* pelo pecado de toda natureza humana. A misericórdia foi maior que o pecado. Não haveria nenhuma necessidade, divina ou humana, que a *redenção* passasse pela paixão de Cristo. Mas, por desígnio de Deus, foi mais "conveniente" que isso acontecesse, para mostrar, entre muitas outras razões, o amor de Deus pela humanidade, ao saber que Ele a ama.[32]

E a redenção, operada por Deus, só seria possível (mediado) por Aquele que está constantemente unido a Ele: Jesus Cristo; e sua humanidade, encarnação de Deus, foi fundamental nesse mistério. A humanidade de Jesus é instrumento do amor de Deus, para a salvação do homem. Ele, em sua humanidade, está direcionado somente para Deus, por isso é capaz de comunicar a graça da salvação: tudo o que Cristo vivencia, como o sofrimento, conduz com a salvação do homem.[33] A categoria de *redenção*, antes relacionada com a libertação do homem por Cristo, agora é associada à *satisfação*. Essa é uma inversão na compreensão da soteriologia.

O pensamento de Tomás terá grande impacto na teologia e filosofia vindouras e influenciará vários pensadores modernos e, até mesmo, contemporâneos. O termo *satisfação*, no contexto da soteriologia, é discutido e empregado no

---

[31] KESSLER, Hans. *Cristologia*, p. 329-330.

[32] SESBOÜÉ, Bernard; Wolinski, Joseph. *História dos dogmas - O Deus da salvação*, p. 417-418.

[33] KESSLER, Hans. *Cristologia*, p. 328-329.

Concílio de Trento, embora não seja dada nenhuma definição sobre ele. Expressa que Cristo *merece a nossa justificação* e que Ele *satisfaz a Deus por nós*. Essa *satisfação* vem a ser obra do amor de Deus, que se une com o homem, até então mergulhado no pecado. Aqui, há uma associação entre os termos *justificação* e *satisfação*: o primeiro diz o que vai de Deus para o homem; o segundo, do homem para Deus.[34]

A *satisfação* é compreendida como *reparação*. Cabe à consciência convertida querer reparar o mal cometido. Assim a conversão deve se exprimir em penitência. Ora, Cristo, gratuitamente, carregou o peso do pecado da humanidade, não por uma responsabilidade jurídica, mas por amor. Sua ação penitente *repara* o homem caído pelo pecado. Ela também é *reparadora* diante de Deus, porque demonstra a atitude que converte e reconcilia o homem com Deus.

Já no século XVI, ao longo do período moderno, a perspectiva de *satisfação* se degrada. A teologia da salvação se desenvolve no campo jurídico. A ideia de justiça humana é, em algumas perspectivas teóricas, projetada para a relação entre Deus e o homem: Ele é aquele que deseja se vingar de seus direitos sobre o homem, e sua vingança é penosa. A *redenção* é vista como um "pacto sacrificial", em que Deus exige a ação sofredora do Filho, como uma forma eficaz de compensar o pecado do homem. Os teólogos parecem esquecer a violência (pecado) dos homens perante Jesus e atribuem a Deus igual violência, como se Deus usasse dela para dela se livrar, em Jesus.

Os reformadores do século XVI acentuam a cólera de Deus, manifestada em Jesus Cristo. Lutero – apoiando-se em Gl 3,13: "Cristo nos resgatou da maldição da Lei tornando-se maldição por nós", e em 2Cor 5,21: "aquele que não conhecera pecado Deus o fez pecado por causa de nós" – concebe Jesus como o maior pecador do mundo, e assim também Calvino, embora com maior sobriedade. Nesse horizonte, surge a categoria de *substituição*: como em Lutero, Cristo, no lugar do homem,

[34] SESBOÜÉ, Bernard; Wolinski, Joseph. *História dos dogmas - O Deus da salvação*, p. 418ss.

apropriou-se de todos os pecados e morreu como real culpado, e assim o pecado foi destruído com sua morte.[35] Mas há um caráter dialético, que em Cristo comporta, paradoxalmente, o inocente e o pecador, e isso associado à justificação pela fé. Lutero então diz da *substituição* de Cristo, a favor do homem, no tormento do inferno; Calvino, da condenação: diante de Deus, Cristo é réu em nome de todos. Nos dias atuais, K. Barfth, por exemplo, diz de Cristo como o "juiz julgado em nosso lugar".[36]

Todavia, a teoria mais corrente nessa perspectiva é a da *substituição penal,* da substituição no castigo, como acentuada por Calvino e, recentemente, por W. Pannenberg. Essa teoria infiltrou-se no pensamento católico do século XVII e se assentou até o século XIX. A concepção atesta que a *justiça* deve preceder a *misericórdia*, concepção tal ausente nos Padres e nos escolásticos. Nesse sentido, a *satisfação* apresenta-se não mais que um pré-requisito ao perdão. Sobre essa teoria, a Comissão Teológica Internacional a considerou como uma teologia errônea, levada à frente por vários pensadores, principalmente por aqueles da teologia reformada, pois não é possível pensar que Deus condenou Cristo no lugar dos homens.

Essa teologia da *substituição* fora desenvolvida com base em textos das Escrituras, mas não nos relatos da paixão de Cristo, em que não é possível encontrar qualquer abertura para essa vertente. Não obstante, há algo a ser considerado nessa teologia, de plena veracidade: Cristo redimiu o homem, porque este era incapaz. Assim, Ele agiu em lugar da humanidade, mas não para cumprir uma pena. Cristo, ao colocar-se no lugar do homem, agiu por pura benevolência, ao saber que ele, o homem, não teria condições, em razão do seu estado de pecado. Em "nosso lugar", quer dizer a "nosso favor", bem como "por causa de nós".

---

[35] KESSLER, Hans. *Cristologia*, p. 333.

[36] SESBOÜÉ, Bernard; Wolinski, Joseph. *História dos dogmas - O Deus da salvação*, p. 420ss.

Por conseguinte, ainda no século XIX, surge outra concepção teológica: a *satisfação vicária,* em contundente distância da *substituição penal.* A *satisfação* é compreendida não como castigo, mas como *reparação* da ofensa feita a Deus; o termo *vicário*, como uma substituição precisa: Jesus tomou sobre si um fardo incapaz para o ser humano. Prova disso é o seu amor pela humanidade. Embora significativa, essa tese apresenta uma debilidade: além de não se distanciar da ideia estrita de *compensação*, atesta que Jesus tudo fez no lugar do homem, quando deveria ter aberto caminhos para o próprio homem, para sua *satisfação*. Parece que essa concepção da teoria da *satisfação vicária* encontrou uma melhor direção com J. Rivière (1878-1946). Compreende ele que essa teoria pertence à fórmula católica do dogma redentor, cujo termo *satisfação* está presente na linguagem e no mistério da salvação cristã. Mas não se quer, com essa perspectiva, abreviar, sistematicamente, a ação salvadora de Cristo Jesus. Até mesmo porque a concepção de Rivière também apresenta uma fragilidade de que Deus, ao buscar redimir os homens do pecado, decretou a vida e a morte de Cristo.

A teologia contemporânea progrediu com vários outros pensadores, como L. Richard (1880-1956). Ele recusa a concepção de resgate pago à justiça de Deus, bem como de uma reparação prévia ao exercício da misericórdia divina. Como ele, Y. de Montcheuil também recusa o recurso de uma *satisfação penal.* Hoje, busca-se acentuar, ao invés da *substituição*, a ideia de *solidariedade*: a solidariedade de Cristo fora desejada e assumida livremente. Nesse sentido, a identidade de Cristo é compreendida pela dupla *solidariedade*: divina e humana.

Portanto, desde os Padres, passando pelos escolásticos e modernos, até os dias atuais, muitas foram as perspectivas teológicas sobre a salvação de Deus, realizada em Jesus Cristo. Convém destacar que, para cada tempo, em razão dos seus desafios e questionamentos, uma tônica é dada. Algumas até absurdas, outras mais serenas. Tudo isso representa a busca constante do homem de discutir e compreender o mistério da salvação, em Jesus Cristo.

CONCLUSÃO

É grandioso ver o nascimento de um desejo profundo que vem das entranhas de um ser. É assim que concluímos o desejo de Deus pela salvação do homem. Mesmo diante do pecado e da morte, essa consciência não deixou de existir. Muitas vezes, ela foi parar nos porões da história, sacrificada por outra consciência desejosa de se afastar do Criador e de destruir a sua obra, fortificando ações sociais e religiosas injustas.

A ação salvadora de Deus passa por um processo de compreensão por meio de três mediações importantes: a fé, a razão e a história. A fé permite ao ser humano uma comunicação com Deus por meio da humanidade do ser humano, em que o crente se sente criatura do Deus criador de todas as coisas, que o faz sair da porta estreita da limitação e finitude para abrir a larga porta da infinitude e transcendência de Deus. A razão resgata a identidade do ser humano, como um ser de inter-relação aberto ao outro no seu apelo de amor; isso torna possível compreender que a abertura para o outro, embora limitada, expande-se para o ilimitado e infinito, porque para o crente Deus é amor infinito e ilimitado. Por fim, a mediação da história resgata a memória da ação salvadora de Deus no passado, atualiza-se no presente por meio dos que praticam suas ações, que apontam para o futuro no seio de Deus.

A resposta de fé dos homens e das mulheres ao Deus-Criador e desejoso da salvação tornou possível a continuidade da consciência do Deus salvador, em meio às linhas tênues da história. A salvação se realiza na prática da vida. E foi por meio da vida simples de um povo, como a dos patriarcas, que se deu início à real história da salvação, inscrita pela promessa de Deus a um povo eleito. Promessa e eleição surgiram como dois fatores que fazem nascer a consciência da garantia de vida.

Deus então promete vida e liberdade ao povo, que quer dizer, à humanidade. Vida e libertação são práticas que revelam o Deus dos pais da fé; um Deus diferente de outros deuses, daqueles que permitiam as práticas de morte, portanto, incompatíveis com a consciência do Deus patriarcal ou de Javé. A passagem dessa consciência de morte para a vida está subentendida no próprio sacrifício de Abraão. Também a passagem da escravidão para a libertação está subentendida no resmungo do povo que prefere voltar para a escravidão e comer cebola a assumir as inseguranças da nova vida livre.

A salvação também veio por meio da fé de homens, os profetas, que falaram em nome de Deus aos reis da terra para que a justiça e o direito tornassem práticas que imprimissem na consciência social a consciência do Deus vivo e verdadeiro, afastando o pecado e a morte que destruíam o desejo mais profundo de Deus: a salvação, que vem pela prática da justiça.

A salvação, que vem de Deus, é articulada na história por meio de seu filho Jesus Cristo. Ele é o salvador por excelência, o Deus, que se fez homem e tornou possível o cumprimento das profecias do Antigo Testamento. Jesus é a compreensão, a prática e o desenvolvimento da consciência do Deus-Criador e desejoso da salvação, na história e na vida. Ao optar pelo batismo de João, Jesus faz valer dentro da história de sua família e do seu povo a fé e a consciência viva do Deus salvador, que veio habitar no seio da humanidade. Jesus é a revelação de Deus na história. Ele vive em íntima união com o Pai, na oração, no diálogo e na compaixão.

Em Jesus Cristo, o próprio Deus vive em nosso mundo como pessoa conhecida e que se comunica diretamente com qualquer outra pessoa humana. Jesus é o Deus que fala e o

Deus do qual se fala, isto é, Ele é *autor* e *objeto* da salvação. Ele redime todo o pecado do mundo, pois, morrendo como cordeiro pascal, santifica-se para que o homem seja santificado na verdade. Ao manifestar a misericórdia do Pai, Jesus é exaltado para vencer a humilhação e a morte. Contudo, diante do aparente fracasso da manifestação divina, o homem não reconhece a grandeza de Deus. Mesmo estando no mundo, o mundo não o reconhece como autor de toda criação.

O fracasso da primeira revelação divina é a pedagogia de Deus para se compreender que o império desse fracasso tem seu fim na plenitude de sua salvação, que podemos compreender ao longo da história, na qual Deus fala por meio de nossos pais, dos profetas e, finalmente, de seu filho Jesus Cristo. Como diz São João Evangelista, a palavra encarnada habita entre nós. Os inúmeros sinais da revelação de Deus na história nem sempre vieram de pessoas que tiveram seus nomes registrados nos anais da história, mas com certeza foram pessoas que resgataram a consciência do Deus salvador nas práticas geradoras de vida, justiça, amor etc., ou seja, práticas reveladoras do ser de Deus.

Assim como Deus falou antes pelos profetas, agora ele se faz conhecer pelo seu Filho predileto, o messias prometido desde todo sempre. Ele vem ao mundo para dar plenitude à revelação do Pai. É plenitude da revelação, pois nele se alcança toda ação e toda economia como mensagem e como encontro. Cristo, ao ser totalmente salvo, conduz-nos a participar consigo dessa mesma plenitude da salvação.

A ação salvadora de Deus, em Cristo, prolonga-se na Igreja por meio do Espírito, pois ele sustentou a comunidade dos primeiros cristãos. A contínua presença do Espírito foi garantida por meio da oração, da comunhão entre os cristãos e do desapego dos bens. A Igreja cresceu e tornou-se regida pela dinâmica do Espírito de Deus. Sua vida tornou-se a vida no Espírito, força que irradiou a salvação, princípio de amor e unidade entre os homens e com Deus. O Espírito, então, tonou-se o sustentáculo da Igreja, particularmente na sua missão de levar o amor de Deus aos homens.

O Espírito é força de sustentação da realidade sacramental que é a Igreja de Cristo. Tudo que nela acontece e existe vem primeiro do testemunho do Filho, Jesus Cristo. A Igreja é sacramento do Cristo, que, unido com o Pai, no Espírito, forma uma visível sociedade histórica, organizada e, pela força do Espírito, transcende sua própria condição histórica para alcançar a glória do Cristo, em Deus.

O Espírito, ainda, é a força que faz a graça sacramental de Deus continuar a salvação do seu povo. A Igreja, na prática sacramental, tem a força do Espírito para atualizar o dom da salvação em Jesus Cristo. Essa prática sacramental é litúrgica, por isso se torna a celebração da vida, da liberdade e do amor. Na atuação do sacramento, o Espírito é princípio transformador, que, mediado por Jesus, nos eleva ao encontro definitivo com Deus.

A força do Espírito, também, faz ultrapassar o âmbito exclusivo dos cristãos para ser alcançada por todos os homens de boa vontade, dando-lhes acesso à participação do mistério pascal de Cristo. A grandeza da ação do Espírito é reconhecida nas diversas religiões, ela vai além dos indivíduos, das sociedades, culturas e religiões. Tudo isso é possível porque ela é fonte inesgotável de verdade, vida e ação. O Espírito, além de força criadora, é dom de amor capaz de assegurar a amplitude da prática do bem, na diversidade das concretizações humanas.

Finalmente, Deus, por meio de seu Filho, Jesus Cristo, pela ação do Espírito, age e oferece o seu dom de salvação para toda a humanidade e em todos os tempos históricos. E é no tempo da jovem mãe Igreja de Cristo, seguindo os seus ensinamentos e com a ajuda dos Padres apostólicos e apologistas, que nasce um novo desejo de criar uma literatura baseada no registro das memórias do Senhor para alimentar a fé cristã, além do primaz registro do texto neotestamentário, em construção naquele momento. A consciência do Deus salvador nunca foi tão bem desejada quanto no primeiro e segundo séculos, em meio às acusações de ateísmo, gnosticismo, heresias etc. Se de um lado os escritos mostram que Jesus é o Salvador da humanidade, por outro lado, que o homem encontra nessa salvação um meio de prestar contas a Deus sobre o seu pecado.

Em suma, o mistério da salvação de Deus, alcançado em plenitude em Jesus Cristo, na ação do Espírito, é o próprio mistério da vida humana, em Deus. Constantemente o homem buscou e continua buscando o Deus salvador, pois o homem tem sede de Deus e do seu dom salvador. A criação sempre visou à salvação, à encarnação, à ressurreição, ao nascimento do homem, à vida eterna em Deus.

BIBLIOGRAFIA

A CARTA a Diogneto. Petrópolis: Vozes, 1976.

ASLAN, Reza. *Zelota:* a vida e a época de Jesus de Nazaré. Trad. Marlene Suano. Rio de Janeiro: Zahar, 2013.

BALAGUE, Miguel. *Historia de la Salvación*. Madrid: Paulinas, 1968.

BENTO XVI. *Verbum Domini*. Exortação Apostólica pós-sinodal sobre a Palavra de Deus na Vida e na Missão da Igreja (30.09.2010). São Paulo: Paulinas, 2011.

BOEHNER, Philotheus; GILSON, Etienne. *História da filosofia cristã*. Trad. Raimundo Vier. Petrópolis: Vozes, 2017.

BOROBIO, Dionisio (Org.). *A Celebração na Igreja - Liturgia e sacramentologia fundamental*. V I. Trad. Adail U. Sobral. São Paulo: Loyola, 1990.

______. *A Celebração na Igreja - Liturgia e sacramentologia fundamental*. V II. Trad. Luiz João Gaio. São Paulo: Loyola, 1993.

BREUNING, Wilhelm. *Jesus Cristo, o Salvador*. São Paulo: Loyola, 1972.

BULTMANN, Rudolf. *Jesus*. Trad. Nélio Schneider. São Paulo: Teológica, 2005.

BUYST, Ione. *O mistério celebrado*: memória e compromisso I. São Paulo: Paulinas, 2003.

CALLE, Francisco de la. *A Teologia do Quarto Evangelho*. Trad. José Raimundo Vidigal. São Paulo: Paulinas, 1985.

CATECISMO *da Igreja Católica*. São Paulo: Loyola, 2000.

CODA, Piero. O Espírito Santo e o Mistério da Igreja. In: CESCA, Olivo. *A Igreja no seu mistério*. São Paulo: Cidade Nova, 1984.

CONGAR, Yves. *Espírito do Homem Espírito de Deus*. São Paulo: Loyola, 1986.

CROATTO, José Severino. *História da salvação*: a experiência religiosa do povo de Deus. 2 ed. São Paulo: Paulinas, 1968.

DENZINGER, Heinrich. *Compêndio dos símbolos, definições e declarações de fé e moral*. Trad. José Marino e Johan Konings. São Paulo: Paulinas, Loyola, 2007.

DE ROMA, Justino. *I e II Apologias – diálogo com Trifão*. São Paulo: Paulus, 1995. (Coleção Patrística).

FEINER, Johannes; LOEHRER, Magnus. *Fundamentos de dogmática histórico-salvífica. A história savífica antes de Cristo*. V II/4. Petrópolis: Vozes, 1984.

______. *Fundamentos de dogmatica historico-salvifica. O evento Cristo*. V III/1. Petrópolis: Vozes, 1984.

______. *Fundamentos de dogmática histórico-salvífica. A história savífica antes de Cristo*. V II/1. Petrópolis: Vozes, 1978. (Mysterium Salutis).

______. *Fundamentos de dogmática histórico-salvífica. O evento Cristo*. V III/7. Petrópolis: Vozes, 1974. (Mysterium Salutis)

______. *Fundamentos de dogmática histórico-salvífica: Teologia Fundamental*. V I/1. Petrópolis: Vozes, 1971.

FIGUEIREDO, Fernando Antonio. *Introdução à Patrística*: vida, obras e doutrina cristã nos primeiros anos da Igreja. Petrópolis: Vozes, 2009.

FOHRER, Georg. *História da Religião de Israel*. Trad. Josué Xavier. São Paulo: Paulus, 2012.

GONZÁLEZ, Justo L. e PÉREZ, Zaida M. *Introdução à Teologia Cristã*. Trad. Silvana Perrella Brito. Santo André: Academia Cristã Ltda, 2006.

GUNNEWEG, Antonius H. J. *Teologia Bíblica do Antigo Testamento – uma história da religião de Israel na perspectiva bíblico-teológica*. Trad. Wener Fuchs. São Paulo: Loyola; Teológica, 2005.

IRINEU, Santo. *Contra as heresias*: denúncia e refutação da falsa gnose. São Paulo: Paulus, 1995.

JOÃO PAULO II. *Dominum et vivificantem*. Carta encíclica sobre o Espírito Santo na vida da Igreja e do mundo (18.05.1986), n. 28. Disponível em: http://www.ansiao.net/red-hominis.html. Acesso em: 20/09/2010.

______. *Redemptor hominis*. Carta encíclica (04.03.1979), n. 6. Disponível em: <http://www.ansiao.net/red-hominis.html>. Acesso em: 20/09/2010.

JUNIOR, Joviano de Lima. *Celebrar com o coração e a vida*: a liturgia do povo de Deus. São Paulo: Paulinas, 1984.

KLOPPENBURG, Boaventura. *A Eclesiologia do Vaticano II*. Petrópolis: Vozes, 1971.

LATOURELLE, René. *Teologia da Revelação*. Trad. Flávio Cavalca de Castro. São Paulo: Paulinas, 1972.

LAURENTIN, René. *Breve Tratado de Teologia Mariana*. Trad. Rose Marie Muraro. Petrópolis: Vozes, 1965.

LIBANIO, João Batista. *Concílio Vaticano II – em busca de uma primeira compreensão*. São Paulo; Loyola, 2005.

______. *Eu creio, nós cremos – Tratado da Fé*. São Paulo: Loyola, 2000.

LUTZ, Gregório. *Liturgia*: a família de Deus em festa. São Paulo: Paulinas, 1978.

MIRANDA, Mário de França. *A salvação de Jesus Cristo*: a doutrina da graça. São Paulo: Loyola, 2004.

MOINGT, Joseph. *O homem que vinha de Deus*. Trad. Nadyr de Salles Penteado. São Paulo: Loyola, 2008.

MORAN, Luis Rubio. *El Misterio de Cristo en la historia de la salvación*. Salamanca: Sígueme, 1991.

PAULO VI. *Ad gentes*. Decreto sobre a atividade missionária da Igreja (07.12.1965). In: *Vaticano II:* Mensagens, discursos, Documentos. São Paulo: Paulinas, 1998.

____. Gaudium et Spes. Constituição Pastoral sobre a Igreja no mundo de hoje (07.09.1965). In: *Vaticano II:* Mensagens, discursos, Documentos. São Paulo: Paulinas, 1998.

______. *Lumen Gentium.* Constituição Dogmática sobre a Igreja (21.11.1964). In: *Documentos do Concílio Ecumênico Vaticano II.* São Paulo: Paulus, 1997.

______. Nostra Aetate. Declaração sobre a relação da Igreja com as religiões não cristãs (28.10.1965). In: *Vaticano II:* Mensagens, discursos, Documentos. São Paulo: Paulinas, 1998.

______. Sacrosanctum Concilium. Constituição Dogmática sobre a Sagrada Liturgia (04.12.1963). In: *Documentos do Concílio Ecumênico Vaticano II.* São Paulo: Paulus, 1997.

PHILIPPE, M. D. *O mistério de Cristo crucificado e glorificado.* Trad. Costa Aguiar. São Paulo: Paulinas, 1970.

SCHILLEBEECKX, Edward. *Jesus. A História de um Vivente.* Trad. Frederico Stein. São Paulo: Paulus, 2008.

______. *Maria, Mãe da Redenção.* Trad. Clarêncio Neotti. Petrópolis: Vozes, 1968.

SCHNEIDER, Theodor (Org.). *Manual de dogmática.* Vol. I. Trad. Ilson Kayser (*et alli*). Petrópolis: Vozes, 2002.

______. *Manual de dogmática.* Vol. II. Trad. Ilson Kayser (*et alli*). Petrópolis: Vozes, 2008.

SESBOÜE, Bernard e WOLINSKI, Joseph. *História dos dogmas - O Deus da salvação* (séculos I - VIII). Trad. Marcos Bagno. São Paulo: Loyola, 2002.

TAVARES, Sinivaldo S. *Trindade e Criação.* Petrópolis: Vozes, 2007.

TEIXEIRA, Cézar. A Revelação de Deus na História e nas Escrituras, *Dei Verbum* 1-13. In: ALMEIDA, J. C. MANZINI, R. MAÇANEIRO, M (Orgs.). *As Janelas do Vaticano II, a Igreja em diálogo com o mundo.* São Paulo: Santuário, 2013.

TILLICH, Paul. *Teologia Sistemática.* Trad. Getúlio Bertelli. São Paulo: Paulinas; Sinodal, 1987.